图书在版编目（CIP）数据

吾心自有光明月：王阳明传 /（日）亘理章三郎著；
学静译. 一 上海：东方出版中心，2023.11
ISBN 978-7-5473-2290-1

.①吾… Ⅱ.①亘… ②毛… Ⅲ.①王守仁
（1472-1529）-传记 Ⅳ.①B248.2

中国国家版本馆CIP数据核字(2023)第215114号

吾心自有光明月：王阳明传

著　　者　[日]亘理章三郎
译　　者　毛学静
责任编辑　朱宝元
特约编辑　王清
装帧设计　极宇林

出 版 人　陈义望
出版发行　东方出版中心
地　　址　上海市仙霞路345号
邮政编码　200336
电　　话　021-62417400
印 刷 者　固安兰星球彩色印刷有限公司

开　　本　890mm×1240mm 1/32
印　　张　10.5
字　　数　210千字
版　　次　2023年11月第1版
印　　次　2024年6月第1次印刷
定　　价　78.00元

吾心自有光明月

王阳明传

中国出版集团 东方出版中心

王阳明画像

绘于明代，绘者不详

本书根据日本丙午出版社明治

四十四年（1911 年）版译出

序

言

王阳明一生历经诸多磨难。少壮之时，他仗剑沙场，立下赫赫军功；他挥笔案头，又博得文豪之名。

王阳明立志饱读圣贤书，想获取功名利禄，可惜屡屡碰壁，懊恼不已。他的高远志向与灰暗现实之间如此之大的差距，让他无比失望。他因病痛而苦闷，因生死而烦恼。他曾厌倦污浊的尘世，一度隐居山林。在此期间，他开始质疑权威学说，醉心于一些"异端邪说"。他尽诚忠君，却遭受牢狱之灾，惨遭贬谪。遭逢国难，他向朝廷进言献策，却被谗言所害。可以说，王阳明一生中遭遇了种种磨难。

不过，上述磨难都被王阳明一一克服。他解决问题，靠的并不是空洞的理论学说，而是自己的实践。因此，他的学说充满了勃勃生机；他的行为具有深远的意义。可以说，他的学说与实践是合而为一的。无论是作为学者，还是作为军事家、政治家或教育家，他的行为都没有脱离他的思想学说。他的许多言论精深透彻，流传至今。

王阳明的学说，即阳明心学，具有深厚的哲学基础，其内容简明扼要，具有极强的实践性和极高的价值。因此，如果要掌握阳明心学的精髓，就不能仅从其学说或传记入手，而应以他的人格为切入点，因为他的人格统合了他的内心发展与人生经历。笔者尝试以王阳明的人格为主题，结合他的思想学说与传记，尤其是这两方面相交叉的部分展开研究。现将研究成果公开，希望向有志于从事人生问题研究的人士请教一二。

一、本书以王阳明的人格为主题，叙述了他的生平事迹及学说，以期对国人修身养性有所裨益。因此，本书尤其着力于阐明王阳明的性格、阅历、学说三者相交叉的部分。

二、无论是王阳明的思想学说，还是他的生平事迹，本书均竭力阐释其精髓，以期成为求学者可以使用的鲜活材料。因此，本书将避免琐碎的考证。

三、本书着力阐释了王阳明的内心世界发展与外部生活变化的过程，并将明确其中的因果关系，以期启迪读者的实际生活。

四、在结构上，本书分成上、中、下三编。上编主要叙述王阳明从幼年到悟道的人生经历；中编系统论述王阳明的思想学说；下编叙述王阳明悟道以后的经历，以及他在倡导知行合一学说后的知与行。

五、要研究王阳明的思想学说，必须了解其学说的哲学基础，也要阐明他在实践方面下的功夫。因此，本书始终注意阐明这两方面的内容。

六、当今时代，有人基于西方哲学的分类标准与专业术语，将王阳明的学说视为唯心主义、直觉主义或主观主义。这种看法固然有其道理，但很容易让人误解王阳明学说的精髓。概言之，有些东方理论具有自己的特色，很难纳入西方哲学的类别。关于这一点，本书也会注意到。

七、王阳明使用的一些词语具有独特的语义，我会在相关之处加以解释。为了便于读者理解，在引用王阳明的原文或其弟子的记录时，我基本上使用意译法加以解释。

八、之所以研究王阳明，是因为恩师元良博士[①]的介绍。在研究过程中，承蒙正堂东氏为我解疑答惑，让我获益良多。这里一并表示感谢。

[①] 即元良勇次郎（1858—1912），日本心理学奠基者。——译者注

目

录

上

编

第 一 章

泰山高，抑或平地大？

　　王阳明是世界文化史上的一大杰出人物。他的训诫至今还焕发着勃勃生机，鼓舞着后人不断追求至德之境。他的学说不是空洞的言词，也不是冰冷的、牵强附会的理论。凭借杰出的人格，王阳明发现，至德就隐藏在每个人的心中。在默读、体会与实践他的理论后，人们会情不自禁地手舞足蹈，不断进取之心油然勃发。王阳明的训诫触及真实的人生，具有极强的可操作性。王阳明学说的宗旨，不在于培养博闻强记的学者，而在于培养一心向善的人。

　　王阳明的学说很早便传入日本，特别是在被誉为"近江圣人"的中江藤树[①]大力宣传后，日本更是涌现出许多深受阳明心学影响的豪杰之士。阳明心学虽然一直受到官学的排挤，但始终在思想界占据着一席之地，不断感化着日本国民。

　　王阳明的一个门生曾称赞道："先生譬如泰山在前，有不知仰者，须是无目人。"王阳明回答："泰山不如平地大。"王阳明不追求泰山之高，而追求平地之大。真正的伟大不留下伟大的痕迹，可承载高山而不以为重，可容纳百川而不泄漏，浩浩荡荡，没有边际。我无法判断王阳明的人格究竟发展到何种程度，因为我和他的弟子一样，更关注他如泰山一般的高度。当他具有平地一般伟大的人格时，人们觉得他不是这个尘世的人。

　　人类历史上，拥有类似于王阳明那样高尚人格的人实属罕见。

[①]　中江藤树（1608—1648），日本江户时代初期的儒学者，创立了日本阳明学派。——译者注

他思想通透，他认识到天人合一的极致就是宇宙万物为一体。他以高尚的人格实现了自己的理想，可被称为人类的一大导师。那么，王阳明如此伟大的人格又是如何形成的呢？我将以此为研究对象，以期在人格修养方面获得启发。

第 二 章

幼年时的豪放不羁（上）

王阳明，讳守仁，明宪宗成化八年（1472 年）九月三十日[1]出生于浙江余姚。余姚地处山清水秀、物产丰富的吴越之地。曾经有一本书[2]记载了当时余姚县学的情况："余姚县学地处城东南隅。面朝四明山，仿佛金榜在前；俯瞰九曲山，仿佛执如意在手；三江汇流此处，仿佛玉带环绕；旁立的六峰宛若牙齿；突起的客星、乌胆二峰恰似毛笔。此处山水灵秀，孕育了许多人物。唐代的柳宗元自不待言。自明朝起，更是人才辈出。刘昭[3]、毛吉[4]、谢迁[5]、孙燧[6]、王阳明等人均被载入名臣录。五人都曾就读于余姚县学。原本一所学校只要出一个名人，便足以引起世人关注，而这所学校居然出了五位名人。"由此可见，王阳明的成长得益于故乡钟灵毓秀的山水、乡贤的感化及社会的气运。不过，他之所以能成为一代伟人，主要是因为他的家族。

自明朝初年起，王阳明的祖辈就是当地的大户，资产富足。

---

① 本书中的日期均为农历。——译者注

② 疑出自明代翁大立的《重建儒学记》一文，载于《（光绪）余姚县志》（卷十）。原文为："余姚学在邑巽隅，宋礼书莫叔光状元莫子纯故宅也。四明当面如悬榜，九曲入怀如秉笏，三江汇流如环带，六峰旁峙如建牙，客星、乌胆二峰特起如簪笔，灵秀玮奇，笃生人物。宋元且弗论，入国朝而英贤汇起，刑侍刘公季箎、忠襄毛公吉、文正谢公迁、忠烈孙公燧、文成王公守仁具载名臣录。五公并学，产得一人，已为世重，况乎五人。"——译者注

③ 刘昭，字季箎。——译者注

④ 毛吉（1426—1465），字宗吉，谥号"忠襄"。——译者注

⑤ 谢迁（1450—1531），字于乔，号木斋。——译者注

⑥ 孙燧（1460—1519），字德成，号一川，谥号"忠烈"。——译者注

王阳明曾自述："吾有祖先留下的田地，若勤耕苦作，可保早晚饮食无忧。"他的父亲王华更是官至南京史部尚书。王阳明可谓名门之后。

王阳明从祖辈那里继承而来的，不仅有家产，还有超凡脱俗的家风。他的六世祖王纲，文武双全。明朝初年，王纲以七十岁高龄，擢升广东参议一职，后被海盗杀害。王纲之子王彦达原本也将被杀，但海盗头目担心"父忠子孝，俱杀之则不祥"，于是放了他。王彦达求死不能，只好用羊皮裹住父亲王纲的尸身，带回老家安葬。王彦达因父亲的过世而悲痛不已，无心做官，终生隐居，号"秘湖渔隐"。王阳明的四世祖王与准，精通《礼》《易》之学，著有《易微》一书，此书洋洋洒洒数千言。明朝永乐年间，朝廷想要重用王与准，但被他婉拒。王阳明的曾祖父王世杰因通晓儒家经典，被举荐到太学学习。王阳明的祖父王伦，字天叙，号竹轩，被视为可与陶渊明比肩的人物。王伦光明磊落，时常放饮高歌，也有著作流传于世。王阳明的祖母岑氏贤良淑德。幼时，王阳明主要由祖父母抚养，深受两位长辈的影响。王阳明的父亲王华被称为"龙山公"，后高中状元，走上仕途。王华品行敦厚，学识渊博，被世人誉为"醇儒"。后来，王阳明由其父王华亲自教导。王阳明曾自述："守仁与德声叔父共学于家君龙山先生。"

如上所述，王阳明的祖辈中出过忠臣、孝子、学者。一方面，他的家族有淡泊名利、归隐山林的倾向；另一方面，由于家族非常注重读书与道德伦常，所以逐渐形成了一种厌世而清高的家风，

并且世代相传。关于祖辈的事迹，王阳明有如下记载："自吾祖竹轩府君以上，凡积德累仁者数世，而始发于吾父龙山先生。"在祭奠先祖的文章中，王阳明谈及的"我祖之道，其殆自兹而昌乎"，指的也是这种世代传承下来的家风。在这种家风的熏陶之下，幼年时的王阳明就与普通人家的孩子不同。

关于王阳明的出生，有一个传说。王母郑氏怀胎已十月，却迟迟没有生产。直至怀胎十四月的一个晚上，郑氏的婆婆岑氏梦见云中出现了一位腰悬玉佩、身穿绯衣的神人。在一片鼓乐声中，这位神人将一个婴儿托付给了自己。与此同时，王阳明呱呱坠地。祖父王伦便给他取名"王云"。但不像其他的孩子，王阳明一直不会说话。直到五岁时，祖父王伦给他改名王守仁，王阳明才开口说话。

幼年时，王阳明由祖父王伦和祖母岑氏精心抚养。王阳明言行奔放，常常不按规矩行事。

王阳明十一岁时，因父亲王华在京师做官，所以祖父王伦带他前往京师。路过镇江金山寺时，王阳明作了一首诗。过了一会，在寺中蔽月山房游玩时，王阳明又作了一首诗：

> 山近月远觉月小，便道此山大于月。
> 若人有眼大如天，还见山小月更阔。

这首诗让当时在座的客人都大吃一惊。大家对王阳明的才气和非凡的想象力佩服不已。其中一位客人甚至对王阳明的祖父王伦说："令孙声口，俱不落凡，想他日定当以文章名天下。"听了这位客人的话，王阳明说道："文章小事，何足成名。"众人越发觉得惊奇。

少年王阳明所作的这首诗不仅充满想象力，还包含了一些哲理。诗中的内容也预示了其思想发展的倾向，值得我们留意。

从十二岁起，王阳明就开始在京师一家私塾学习。不过，他的心思不在读书上。他时常从私塾中偷跑出去，和小伙伴们一起嬉闹、玩耍。据说，他制作了大大小小的旗帜，然后让小伙伴各持旗帜，站立四方。他则自封为首领，号令手持旗帜的小伙伴时而往左转，时而往右转，仿佛带兵打仗一样。

一天，父亲王华见此情景，便训斥他说："吾家世以读书显。安用是为？"王阳明问："读书有何用处？"王华回答："读书则为大官。如汝父中状元，皆读书力也。"王阳明又问："父中状元，子孙世代还是状元否？"王华回答："止我一世耳。汝若要中状元，还是去勤读。"王华原以为王阳明会心服口服，不料王阳明回答："只一代，虽状元不为稀罕。"说完，便哈哈大笑起来。王华勃然大怒，狠狠地训斥了他一番。

又有一天，王阳明突然问私塾先生："先生，请问天下第一等人物是怎样的人？"先生答道："天下第一等的人物是状元及第、光宗耀祖、扬名立万的人，也就是像你父亲那样的人。"王阳明说："很多人都能状元及第，却不能因此成为天下第一

等的人。"先生问道："那你认为天下第一等的人物是怎样的人呢？"王阳明回答："天下第一等的人物应该是圣贤之人吧。"

得知此事后，王华只是笑了笑，说："这孩子说出这种话，真是意气用事。"

幼年时的王阳明就是如此豪放不羁，不为世俗观点所左右，所以只有祖父王伦对他抱以厚望。而父亲王华则认为王阳明的性格不够敦厚，常常为他的将来担心。

然而，此后发生的一件事却激发了王阳明的向学之心。一天，他像往常一样，在集市上与小伙伴一同玩耍。忽然，他看见有人卖麻雀，便上前讨要，但被拒绝。王阳明追着询问原因，继而与卖麻雀的人发生争执。这时，来了一位相士。那相士一见王阳明，便大吃一惊，说："这位少年，你日后一定会出人头地，建功立业。"相士掏钱买下麻雀，将之送给了王阳明，还摸着他的头说："少年啊，你要好好记住我的话，你有圣人之相，一定要好好读书，多保重。我的话将来一定会应验的。"说完，相士就离开了。这番话唤起了王阳明的自尊心。从此，王阳明开始潜心读书，学业大进。

幼年时的豪放不羁（下）

　　王阳明的向学之心日渐浓厚，但不羁的性格丝毫未改。十三岁那年，王阳明的生母郑氏去世了，而庶母对他很是怠慢。王阳明心生不满，便想方设法对付庶母。一天，王阳明在路上看到有人卖鸮鸟，心生一计，将鸮鸟买了下来。然后，他找了一个师婆，给了她五钱银子，与她密谋一番。一回到家，王阳明就潜入庶母卧房，把鸮鸟藏到她的被褥下。

　　不久，庶母来到卧房，刚掀起被褥，就见到一只大鸟。这只怪鸟受惊后，在房间里四处盘旋、冲撞，还发出怪叫。庶母大惊失色，赶紧打开窗户，好不容易才把怪鸟赶出去。按照当时的风俗，人们忌讳野鸟入室。尤其是鸮鸟这种会发出怪叫的鸟，更被视为不祥之兆。而这种鸟竟然来到卧房，还藏在被褥中。人们都觉得非常怪异。庶母更是被吓得惊慌失措。

　　听到动静后，王阳明若无其事地赶来，问道："发生什么了？"听庶母一五一十地说完，他装出吃惊的样子，给庶母出主意说："太奇怪了。我们叫个师婆到家里来，好好商量一下吧。"

　　师婆一进大门，脸上就露出诧异之色。她声称王家有一种怪异之气。而一见王阳明的庶母，师婆便马上问："你是不是碰到什么大事了？你的气色不好，看来要大难临头了。"听了师婆的话，庶母吓得浑身抖如筛糠，赶紧把刚刚发生的事和盘托出。师婆说，必须焚香祭拜，问一下家神。接着，师婆让庶母跪在一旁。过了一会儿，只见已过世的夫人郑氏"上"了师婆的身，开始指责庶母道："你怠慢我儿。我已经向天神祈祷，要取你的性命。

刚才那只怪鸟就是我变的。"庶母吓得面如土色，不停磕头认罪，发誓以后绝不再犯。不久，师婆恢复正常，说道："故去的夫人刚才在你面前现身了。因你怠慢她的儿子，她很生气，所以化身为怪鸟，想要取你的性命。不过，后来她看你还有悔过之心，已经原谅你了。"听了师婆的话，庶母越发觉得恐惧。从此，她再不敢怠慢王阳明了。①

当时，王阳明年仅十三岁，便已智计百出，难以对付。如果一直按照这种趋势成长，他也许会成为一个无赖之徒。但他最终能成为杰出的人物，正是因为受到了良好教育，精神与才智得到了正确的引导。他自述年少时"粗心浮气，狂诞自居"。确实，少年王阳明的志向虽然远大，却不明确。那时，他只是一味狂热地向往世间最崇高的事。不过，随着阅历的增加，他的志向不断得到磨砺。最终，他走向了圣贤之路。

年少时，王阳明说，写文章只是雕虫小技，不足以让自己扬名立万。他还说，自己之所以读书，并不是为了在科举中金榜题名，而是为了将来能成为圣贤、成为天下第一等的人物。可以说，冥冥之中，远大的理想或多或少影响了王阳明的一生。不过，在现实中，这种近乎空想的志向却很难规范他的行为：一方面，他精力充沛，很难保持中庸之道；另一方面，他生性不羁，不喜欢

---

① 这则逸事出自《王阳明出身靖乱录》。这本书是王阳明的传记，带有浓厚的小说色彩。这件事未必是事实，不过也可以从中一窥少年王阳明不羁的性格。——原注

趋时媚俗，也不易被一般的社会规范约束。

　　王阳明的志向曾发生数次转变。世人将他这几次志向的转变称作"五溺"。所谓"五溺"①，即"初溺于任侠之习，再溺于骑射之习，三溺于词章之习，四溺于神仙之习，五溺于佛氏之习。正德丙寅，始归正于圣贤之学"。正德丙寅，即明武宗正德元年（1506 年），王阳明三十五岁②。此前，他的志向已数次改变。在此期间，他感到无比痛苦与烦闷。直至三十四五岁时，他才下定决心，研习儒学。最后，他终于悟道，并且领会了安心立命的真义。如此雄心勃勃、天赋聪颖的王阳明，历经了二十多年的艰难困苦后，才终于悟道。可以想见，普通人要从哲学的角度解释人生的根本问题，达到安心立命的境界，更不容易。有些经验和见识都比较浅薄的年轻人，一旦发现无法在一朝一夕间解决人生问题，就会陷入无比焦躁的境地。这其实是毫无道理的，因为焦躁只会导致两种结果：或者让人对人生产生困惑，或者让人自暴自弃。而无论是哪种结果，都只会使观者觉得可悲可叹。

　　历经"五溺"后，王阳明终于踏上了他认为的正道。从回归正道到实现悟道的过程中，他曾经沉迷过、烦恼过，但说到底，他遇到的大部分问题是任何有志之士在成长过程中必然要经历的磨难。探索人生真谛者，可以通过王阳明经历的这些磨难获得许

---

① 　"五溺"之说最初出自王阳明好友湛若水为其撰写的墓志铭。——译者注

② 　根据年谱的记载，王阳明于三十四岁时立志研习儒学。——原注

多教益。为此，我将尝试研究王阳明悟道的历程，以期对我们修身养性有所裨益。

第四章

"第一溺"及"第二溺"

虽说王阳明历经"五溺"，但这"五溺"主要是指他在不同时期倾注主要精力所做的事。事实上，王阳明也在关注其他事情。他自幼学习儒学。孩提时，祖父母向他讲授经书的句读之法；少年时，私塾先生和父亲王华又给他讲解四书五经。不过，彼时王阳明只关注儒家经典的训诂之法，思想上还没有受到儒学太多的影响。

八岁时，王阳明对神仙之学产生了兴趣，并尝试学习。不过，最初让他倾注全力的，还是任侠之习。对于王阳明迷上任侠之习的具体时间，人们还不太清楚，或许是十二三岁的他与小伙伴在京城街头四处疯玩并成为孩子王的时候吧。

所谓"任侠"，即男子汉、大丈夫的行为。任侠之人，重然诺、轻死生，但有时会因过分注重承诺而忽视情理，或不顾是非曲直；有时还会像韩非子所说的一样，"侠以武犯禁"①，以至被正道排斥。"任侠"推崇大丈夫一诺千金、锄强扶弱等，做常人难以做到的事，如此方显豪情万丈。于是，意气风发、目无尊长的少年王阳明很快就沉迷其中了。更不用说，小伙伴们都非常崇拜任侠者，所以有任侠言行的孩子更容易成为孩子王。这或许也是王阳明沉溺其中的原因之一。如上所述，有一段时间，王阳明沉迷任侠之习。后来，出于某些缘故，以及思想上的变化，他又迷上了骑射之术。

――――――――
① 出自《韩非子·五蠹》："儒以文乱法，侠以武犯禁。"——译者注

不久，王阳明不再沉迷于任侠之习。不过，任侠之习也造就了他性格中的某些特质。后来，在正道上，王阳明充分发扬了侠义精神。他替人主持公道，救人于危难之中。由此，他获得了他人的信赖与爱戴。可见，虽说是"五溺"，但所谓"第一溺"就表现出了王阳明的侠义之气与男儿本色。他既不懦弱，也不懒惰。即便"五溺"带来了一些弊端，我们仍能借此一窥一代杰出人物王阳明在少年时的人格底色。

少年时，王阳明才气逼人。自十三岁起，他开始潜心读书。不过，当时的他更有尚武倾向。事实上，尚武有助于青少年的健康成长。十二三岁时，王阳明就是孩子王。他指挥小伙伴玩打仗游戏时，也是有模有样。可以说，王阳明从小就有将帅之才。他从任侠之习发展到尚武，也是理所当然。十四岁时，王阳明开始热衷于骑射。因为他希望将来成为一名武将，借此出人头地。为了学习兵法，他苦读多部兵书。他曾指出："仲尼有文事，必有武备。区区章句之儒，平时叨窃富贵，以词章粉饰太平，临事遇变，束手无策，此通儒之所羞也。"

十五岁时，王阳明随父亲王华的朋友前往塞外居庸三关①游玩。当时，畿内②群盗蜂起，秦中③又有贼匪作乱。王阳明慨然产生经略四方之志。他详细考察了居庸三关一带的地理、交通情况，

---

① 居庸三关是万里长城中的一关，分为上、中、下三关。——原注

② 指京城管辖的地区。——译者注

③ 古地名，即今陕西中部平原。——译者注

以及关外少数民族的生活状况。同时，他向当地的少数民族青年学习骑马、射箭。逗留一个多月后，他才返回京师。

在此期间，王阳明还做了一个梦。他梦见自己拜谒了马伏波庙，还写了一首诗：

> 卷甲归来马伏波，早年兵法鬓毛皤。
>
> 云埋铜柱雷轰折，六字题诗尚不磨。

马伏波即东汉初年的将军马援。马援经略南方，屡建奇功。王阳明萌发了经略四方之志后，十分崇拜马援将军，因此夜有所梦。

当时，各地土匪猖獗。他们大破城池、劫掠官府，所到之处，一片狼藉，而官兵毫无招架之力。对此，王阳明十分感慨。他与父亲王华商量，说想要上疏，请求朝廷赐精兵一万，然后亲率大军剿灭土匪，平定四方。听了他的话，王华十分震惊，马上呵斥他："你太狂妄了！你一介书生，居然口出狂言，简直是自寻死路！"

此时的王阳明是一个有志青年。他雄心勃勃，敢于为自己的目标而努力。虽然他的尚武行为被父亲阻止，但不可否认，他平生的一大所长就是军事才能。他后来能够出人头地，也是因为立下了赫赫战功。自十六七岁起，王阳明将主要兴趣转移到其他方面，但仍然不忘研习兵法。

第　五　章

从"第二溺"到"第三溺"的过渡期

　　王阳明的武略之志受到父亲的阻止，于是，他逐渐将精力转
到学业上。在十四五岁到二十岁的五六年中，他似乎并未沉溺于
什么事情。不过，在"第三溺"出现前，倒是发生过两三件足以
体现他个性的事。研究王阳明生平事迹的人，一定要对这几件事
有所了解，不可等闲视之。

　　十七岁时，王阳明回到老家越城①居住。当年七月，他去洪
都②迎娶新娘诸氏。诸氏是时任江西布政司参议诸养和的女儿。
当时盛行早婚，王阳明也遵从了这种风俗。

　　就在合卺这天，即将当上新郎官的王阳明信步走进一座叫"铁
柱宫"的道观。在道观里，只见一位鹤发童颜的老道士正盘腿静坐。
王阳明上前与其攀谈起来。这才得知，原来老道士已九十六岁了。
但王阳明见他精神矍铄，声如洪钟，知他肯定是得道高人。于是，
王阳明赶紧向他请教养生之术。老道士回答："养生的诀窍，
不过一个'静'字。老子倡导清净，庄子主张逍遥。其实只要清
净，而后便可逍遥。"说完，老道士还将导引之术③传授给王阳明。
王阳明恍然大悟，便寻了一处地方，与老道士相向而坐。两人就
这么闭目静修，废寝忘食，仿佛一对枯木。不知不觉，暮色四合。

---

① 越城地处现在浙江省山阴县。王阳明祖辈十代人都曾居住于此。虽然王阳明出生
　在浙江余姚，但因其父王华钟爱山阴县的秀丽山水，又念及祖辈的故居都在山阴，
　所以举家从余姚搬到了山阴。——原注

② 古代南昌的别称。——译者注

③ 古代道家的一种养生法，认为通过俯仰、屈伸、调息等，可以使身体血气畅通舒
　适。——译者注

晚上，诸家人发现新郎官王阳明还未归来，急得不得了，赶紧派家丁四处寻找，却始终没有找到。直到第二天早晨，家丁来到铁柱宫，才找到了王阳明。只见他还在静坐，纹丝不动。家丁唤醒王阳明，说奉了诸家老爷的命令，催他赶紧回去。王阳明这才和老道士道别。老道士说："你多保重。二十年后，我们再到海上相会吧！"

诸家藏有数筐纸。每当暑热难眠时，王阳明会从筐中取出纸张来练习书法。等他准备返回家乡时，诸家所藏的数筐纸都被他用完了，而他的书法也大有进步。由这件事，可以看出王阳明坚韧的毅力。后来，王阳明与别人谈到了这段经历："吾始学书，对模古帖，止得字形。后举笔不轻落纸，凝思静虑，拟形于心，久之始通其法。既后读明道先生书曰：'吾作字甚敬，非是要字好，只此是学。'既非要字好，又何学也？乃知古人随时随事只在心上学，此心精明，字好亦在其中矣。"由此可见，王阳明在练习书法的同时，也在修炼心性。

婚后第二年，王阳明十八岁。这年冬天，他携夫人诸氏一同返回故乡。返乡途中，他在广信府①的上饶县拜谒了娄谅②。娄谅，别号一斋，是程朱学派③的一位大家。娄谅向王阳明讲授了格物致知的学说，并且极力倡导"圣人必可学而至"的观点。王阳明

---

① 广信府，元末至清末的行政区划名，治所在今江西省上饶市信州区。——译者注

② 娄谅（1422—1491），字克贞，别号一斋。——译者注

③ 又称程朱理学，即北宋二程（程颢、程颐）和南宋朱熹理学派别的合称。——译者注

深以为然，越发想要成为圣贤。

十九岁那年，王阳明随同父亲王华回老家奔丧。王华命王阳明和自己的四个堂弟一起研习八股文。于是，王阳明白天与堂叔们一同学习，晚上则取出书箱中的经史子集，潜心研读，直至深夜。他勤学苦读，加上天赋异禀，所以学业突飞猛进。几位堂叔都深感不如。王阳明一心向学，以圣人为榜样，时常感觉到自己距离圣人境界还很远。

这期间，还发生了一件事。以前，王阳明个性诙谐，平易近人，好开玩笑。后来，他在学习中渐渐有所领悟，开始变得少言寡语，行为举止也端正起来。旁人知道他以前的个性，都不相信他真的能改变。王阳明正色说："我以前的个性有些放肆，现在我已经知道自己的不足了。"一旦有所悔悟，就会立即改正，可见王阳明在道德实践上的意志有多么坚定。

后来，王阳明的注意力逐渐从八股之学扩展到了儒学，尤其是儒学中的宋学①。二十一岁时，王阳明随父亲王华来到京师。为了研习朱子学，他还四处寻找朱熹的遗作。

王阳明曾经谈及一桩与格物致知有关的逸事，值得我们留意。

自程朱以来，许多儒家学者都将《大学》中的"格物致知""诚意正心"等作为修身的重要功夫。朱熹曾经解释过"格物致知"的含义。他认为，"格物"的"格"是"到"的意思，"物"是"事"

---

① 宋学，与"汉学"相对，注重"性命义理"之学，主要指宋代（也包括元、明）的理学派别。——译者注

的意思，"格物"就是穷尽事物之理；"致知"的"致"是"尽"的意思，"知"是"知识"。所谓"格物致知"就是穷尽事事物物之理，使知性通达至极，以至诚意正心，得以修身。由此可见，"格物致知"被朱熹视为修身养性的第一步。

一天，王阳明和一位朋友探讨如何才能成为圣贤。"要成为圣贤，首先要穷尽天下事物之理。不过，目前我们还没有如此大的能力，那就先思考一下这亭前竹子的道吧！"他们想到程颐[①]说过一句话，"一草一木皆有理"，便决定亲身实践一下"格物致知"。首先开始格竹的是王阳明的朋友。一连三天，从早到晚，这位朋友都绞尽脑汁思考竹子的道，最后非但毫无所得，反倒病倒了。王阳明认为这是朋友的精力不够才导致的失败，自己思考的话肯定没问题。他也开始格竹，从早到晚，一直凝神思考，可同样一无所获。七天七夜后，王阳明终至心力交瘁，也病倒了。王阳明和朋友感慨道："如此格物致知，怕是无论如何也成不了圣贤的。我们没有那么大的力量。"自此，王阳明便将志向转到"第三溺"，即词章之习。

通过上述事情，我们可以看出王阳明的性格。新婚之日，他在铁柱宫与道士一起打坐，甚至忘记了回家；他格竹子格了七天七夜，以致积劳成疾。这些看似狂放的行为背后，绝对不是出于好奇心，也不是为了出名。此外，正如在书法方面的练习一样，

---

① 程颐（1033—1107），北宋思想家，理学开创者之一。字正叔，世称伊川先生。——译者注

他不愿趋世媚俗。他总是奋发向上，积极进取。一旦确定了目标，他就会集中注意力，全身心地投入，还会坚持努力很长时间。可以说，这些是他性格的特点，这种性格决定了他后来的人生。

"第三溺"：词章之习

　　王阳明立志研习圣贤之学，同时不忘修身养性。不过，他意识到，要成为圣贤，最终还需要天赋，而这是他无法改变的。王阳明渐渐丧失了信心，开始觉得烦闷和失望。后来，他终于决定像大部分人一样，通过参加科举考试来求取功名利禄。而要通过科举考试，一定要熟读儒家经典，并且擅长作词章诗文。就这样，王阳明便转而学习词章诗文了。这一年，他二十岁。

　　幼年时的王阳明曾说，要想成名，只凭文章是远远不够的；要成为第一等人物，并不在于高中状元，而在于成为圣贤。现在，因为怀疑自己没有成为圣贤的天赋，所以他关注起以前轻视的词章诗文。以他的个性，任何事情都是不做则已，做就要做到极致。对此，我们可以说他能够专注地做一件事，也可以说他很容易沉迷于一件事。王阳明的"第三溺"就这样出现了。他曾自述的"守仁早岁业举，溺志词章之习"，就是"第三溺"。

　　二十一岁至二十五六岁，是王阳明对词章之学最狂热的阶段。他所说的"予方驰骛于举业词章，以相矜高为事"，就是指这一时期的情形①。即使在二十八岁那年考中进士后，王阳明也没有完全放弃对词章的学习。可见，他的"第三溺"持续了很长时间。王阳明树立了明确的目标，即通过科举考试，而这意味着他将面对不计其数的竞争者。另外，他的前辈和朋友们也都非常重视学习词章。这些因素反倒激起了王阳明的高昂斗志。

---

①　在此期间，他曾在京师的太学学习。但我们不清楚这段经历对他的学术有何影响，所以一般不予考虑。——原注

二十一岁那年秋天，王阳明通过了浙江省的乡试。二十二岁那年春天，他科举落榜。二十五岁时，他再次落榜。当时与他同住的一位考生也落榜了，并因此羞愧不已。王阳明安慰他说："世以不得第为耻，吾以不得第动心为耻。"一些有识之士听说了王阳明的观点，都非常佩服他的修养。

如上所述，王阳明在科举考试中屡战屡败。不过，在词章诗文方面，他突飞猛进。王阳明本来就极有文才，加上想象力丰富、心思敏锐、才气逼人，完全有成为文豪的潜质。而当他全心投入词章之习后，其敏捷的才思更让人刮目相看。

二十二岁那年春天，王阳明虽然落榜了，但其出众的文才让当时的文坛领袖、内阁首辅李东阳[1]非常欣赏。李东阳对他说："你虽然这次落榜了，但下次一定能榜上有名！"说完，还让他作赋一篇。王阳明毫不推辞，当即提笔写下一篇赋，在场的考官都惊叹不已。不过，他也因此招来了别人的嫉妒。据说，他第二次落榜，就是有人从中作梗所致。

二十五岁时，再次落榜的王阳明回到了余姚。在龙泉寺，他和朋友组建了一个诗社。当时，方伯[2]魏翰从官场退隐。魏翰自觉才高八斗，经常豪饮放歌，还时常邀王阳明一起登龙泉山、纹枰对弈、吟诗联句。不过，在吟诗联句时，每每是王阳明首先吟

<hr />

① 李东阳（1447—1516），字宾之，号西涯。——译者注
② 方伯，明清时期为布政使别称。——译者注

出佳句，魏翰自叹不如。

当时，王阳明最佩服的文豪，更准确地说，最佩服的人中豪杰是李白。在有着四千年文明史的中国，李白因豪迈不羁、俊秀飘逸而被称作"诗仙"①。年少时，李白便仗剑天涯，行侠仗义，好纵横之术。这些都与王阳明的品性特别相似。王阳明自然对李白崇拜不已。《王阳明全集》中收录了王阳明在二十五岁时作的一首《太白楼赋》。此赋不仅展现了王阳明出众的文才，也反映了李白对其潜移默化的影响。

在二十八岁那年中进士后，王阳明便开始与北方的李梦阳②、河南的何景明③等京师文坛中的名士往来。他们以文会友，共修古诗文。王阳明的文笔也因此得到磨炼。

二十五六岁时，王阳明在学习词章诗文的过程中，志向慢慢产生了一些变化。三十一岁时，他拒绝加入李梦阳组织的诗文社。王阳明说道："我不能把有限的精力用在这些没用的事情上。"当时的学者，只知一味背诵诗文词章，却不通修炼身心的学问。王阳明认为这是一种不良风气，所以从三十四岁起，他便不再将主要精力投入词章之习中，而是逐渐以阐明圣学为己任。不过，

---

① 原文将李白误称为"诗圣"。——译者注

② 李梦阳（1473—1530），字献吉，号空同子，庆阳（今属甘肃）人，后徙河南扶沟。——译者注

③ 何景明（1483—1521），字仲默，号白坡、大复山人，河南信阳人。他与李梦阳、边贡、徐祯卿并称"四杰"。——译者注

此前磨炼的绝佳文笔，在他后来的讲学传道中发挥了很大作用。

　　王阳明的诗文非常出色，在当时即被视为大家之作。他的文章并非一味模仿古文，也不流于当时的浅显文风，而是像他的人格与学说一样，集古今文风之所长，形成了一种独特的风格。尤其是他在青壮年时期写的文章，形式上有一些拟古的特点，或雄浑而不失典雅，或壮丽而不失俊伟，擅长感物寄兴，别有一番情趣，不少作品都堪称杰作。

第 七 章

从"第三溺"到"第四溺"的过渡期

　　一直专注于词章之习的王阳明，在科举考试中两次落榜。他的志向开始动摇。此时，他遭到了他人的嫉妒与排挤，多少感到愤慨和不平。不过，一身正气、铁骨铮铮的他并不肯屈节谄媚、随波逐流。

　　王阳明想要追寻偶像李白的足迹，憧憬着能像他一样，摆脱纷繁复杂的尘世，放声高歌，四处游历。不过，到了落榜后的第二年，王阳明又立志研习兵法。又过了一年，基于种种原因，他越发烦闷，开始醉心于所谓的"第四溺"，即神仙之习。

　　接下来，我将尝试叙述王阳明在这一个过渡时期的经历及其志向转变的动机。

　　王阳明一时对俗世产生了厌倦之意。不久，随着时局的变化，他的志向也发生了改变。王阳明二十六岁那年，边疆形势危急，朝廷却遍寻不见将帅之才。得知此事，他唏嘘不已，说道："朝廷虽有武将登记录用制度，却只收录擅长骑射、搏击之士，不收录精通兵法、善于统帅军队的武将。平时不研习兵法武略，一旦仓促有变，则无法应付。"他在少年时期的雄心壮志再次勃发。事实上，他一直都关注军事，曾遍寻兵家的秘籍，并潜心研读。他甚至还会在宴席上，用果核摆出阵法，演练军队的进退之法。

　　在此期间，还发生了一件事。一天夜里，王阳明梦见威宁伯王越[①]将所佩宝剑赠予自己。王越本是朝廷武将，可谓一代军事

──────────

① 王越（1426—1499），字世昌。——译者注

雄才。王阳明做此梦时，王越正以七十岁的高龄镇守边疆。王阳明醒来后，心里大喜，说道："我要效仿威宁伯，以斧钺之任，垂功名于竹帛。"于是，他顺应时势的需要，将主要的精力用在研习军事兵法上。不过，此时的他还没有完全放弃词章诗文的研习。

明英宗即位以来，五十年间，明朝的边境一直受到西部、北部少数民族势力的威胁。明英宗朱祁镇甚至还曾被北部少数民族生擒，成了俘虏。按理说，如果要一雪国耻，壮大国威，天下子民都应该习武。可惜，当时的士大夫大部分是文弱书生，只会作词章诗文，手无缚鸡之力，连各地的草寇流匪都无力对抗，更遑论边境来犯的强悍的少数民族。因此，一听说边境告急，满朝大臣都被吓得大惊失色。青年王阳明能在此时萌生经略四方之志，足以看出其性格中英勇的一面，真是难能可贵。

王阳明一边继续学习词章诗文，一边用功钻研军事兵法。第二年，他二十七岁，开始关注别的事物。较之以前，他的思想更加深刻，并且开始思考人生问题。他开始认为，词章诗文方面的技巧不足以让自己求得至道。于是，他四处寻访师友，却发现很难找到，这让他十分困惑和烦闷。也正是在此期间，他读到了朱熹的文章。朱熹指出："居敬持志，为读书之本；循序致精，为读书之法。"看到这里，王阳明大受启发。他自我反省："我以前虽然博览群书，但没什么收获。这都是因为我只一味追求读书的速度，没有进行系统的钻研。"自此，他开始循序渐进地读书，

同时注意吸收书中的精华。

不过，王阳明始终感觉自己的本心与事物的道理无法合二为一，所以一直郁闷不已。王阳明沉思多日，结果旧疾复发。后来，他偶然听到一位道士谈论养生之术，便产生了隐居山中的想法。

对儒学稍有接触后，王阳明开始关注神仙之学，并且产生了厌世的倾向。不过，他尚未完全放弃此前的词章之习与韬略之志。渐渐地，他开始转变和动摇，烦闷的情绪也日益加剧。

二十八岁时，他终于实现了自己的第一志向，在科举考试中考取了二甲进士。

明孝宗弘治十二年（1499 年），王阳明出任工部观政进士[①]一职，奉命前往浚县[②]，为头一年过世的威宁伯王越造墓。真是机缘巧合：王阳明前年梦见过他，今年又为他造墓。

在前往浚县的途中，王阳明并未乘坐轿子，而是策马前行。路过山阴时，王阳明的马突然受惊，导致他摔倒在地，并咳血不止。随从赶紧扶起他，并劝他乘轿，却被他拒绝。他希望以此磨炼自己，所以继续骑马前行。武将骑马本不稀罕，可士大夫之流基本是文弱书生。像王阳明这样的文官，居然能骑马出行，实属罕见。由此可见王阳明具有成为一名武将的潜力。

一到浚县，王阳明便向王越的后人请教王越的用兵之道，并

---

① 明朝有进士观政制度，即士子进士及第后并不立即授官，而是被派遣至六部等衙门实习政事。——译者注

② 今河南浚县。——译者注

获得了详细的解答。在造墓时，王阳明按照兵法部署工作，让民夫们轮换工作和休息。这样起到了事半功倍的效果。不久，王越之墓便修建完成。王越家人大喜，为了表示感谢，要赠予王阳明金帛等物，但被他一一谢绝。于是，王越家人又拿出一把宝剑，说是先人王越的佩戴之物，希望王阳明收下，以作纪念。王阳明一看，发现居然和他以前梦到的那把宝剑一模一样。他惊喜不已，便欣然收下[①]。

据说，在监督造墓时，王阳明还指挥民夫们实地演习了八阵图[②]。在这里，我必须强调王阳明性格中的一大特点：对书本上的知识，他不会止于诵记，一旦有机会，就一定会立即实践。

完成造墓任务后，王阳明准备复命了。就在此时，针对边境流寇极其猖獗的状况，朝廷下诏寻求良策。于是，王阳明向朝廷呈上了《边务八策》，提出了以下八条具有战略性的建议。这些建议都切中时弊。

一、蓄材以备急；

二、舍短以用长；

三、简师以省费；

四、屯田以足食；

---

① 这段神秘的故事在王阳明的传记中屡屡被提及。这些离奇的内容并不妨碍我们去研究王阳明的学说与性格，所以本书还叙述了其他一些著名的传说。——原注

② 三国时期诸葛亮创设的一种阵法。——译者注

五、行法以振威；

六、敷恩以激怒；

七、捐小以全大；

八、严守以乘弊。

　　王阳明与北方的李梦阳等京师文坛中的名士结识，开始以文会友，共修诗文，这也是在这一年发生的事。

　　如上所述，王阳明逐渐产生了厌世的情绪，但他仍然坚持学习军事兵法与词章诗文。他的志向一直摇摆不定。由此可见，他的烦闷和懊恼的情绪也正在日益加深。以上就是王阳明从"第三溺"发展到"第四溺"的过渡期的真实状况。

第 八 章

"第四溺"及"第五溺"：佛老之习（上）

神仙之习是王阳明的"第四溺"。神仙之学是以老子学说为基础的道教之学，倡导长生不老之术和养生之术，被视为神仙养生的学说，在士大夫之中非常盛行。

被称为"第五溺"的主要是佛学中的禅学。佛学旨在帮助人们脱离生死的苦海。自宋朝起，许多儒家学者也开始研习佛学。[1]

神仙之学与佛学虽然存在差异，不过，简而言之，两者都是帮助人们摆脱红尘俗世的。也就是说，两者都具有出世的倾向。从王阳明的经历来看，他最先研习的是神仙之学。不过，几乎同时，他也开始沉迷于佛学，并且一度认为圣人的至道就在神仙之学与佛学之中。

由于王阳明研习神仙之学与佛学的动机一样，本书打算一并叙述王阳明与这两者的关系。

王阳明醉心于"第四溺"与"第五溺"时，正是他接触到人生的根本性问题后，感到最烦闷和懊恼的时期，也是他一生中最灰暗和凄惨的时期。不过，这段时期的经历为他后来参透人类社会的真义，乃至开辟一个光明的世界奠定了基础。我们如果要研究他的生平及学说，就需要特别关注这段时期。很明显，在此之前，他多少也有些烦闷。尤其在二十一岁生病之前，他一直因程朱理

_____

① 关于道教、佛教的本义，有诸多学说。我依照王阳明的看法加以记述。我们需要了解王阳明如何阐释佛老之学，又因此受到了怎样的影响。佛老之学给王阳明之后确立的理论增色不少。王阳明的高徒之一王畿曾说过："我所学的包括儒、道、释三教。"不过，我在这里仅叙述王阳明自己的言论。——原注

学而苦恼，怀疑自己无法成为圣贤。不过，不久后他就沉迷于词章举业了。他还未对自己的前途丧失希望，所以他的烦闷只是暂时的。

不过，二十五岁那年，因科举考试再次落榜，他的意志开始动摇，烦闷的情绪也随之而来。二十八岁时，他考中了进士，按照世俗的看法，他即将青云直上，飞黄腾达。同年，他因修建王越之墓立下大功，同时呈上了《边务八策》，表达了自己在政事处理方面的主张。二十九岁时，他出任刑部主事一职。三十岁时，他奉命前往江北审判罪犯，纠正了许多冤假错案。百姓都称赞他公正严明。可以说，此时正是他仕途得意的时期，他可以乘势追求功名利禄。然而，他的困惑却与日俱增，烦闷也日益加剧。

王阳明之所以越来越烦闷，是因为他开始真正深刻地思考人生最根本的问题。而在此之前，他想要成为圣贤，是基于世俗的原因，而不是因为他领悟了圣贤的本质。在他看来，圣贤拥有人间第一等的名望，深受世人的尊敬与爱戴，所以志向远大的他才会如此向往。说到底，他憧憬成为圣贤，主要源于名利之心。而他之所以沉溺于词章之习，更是为了获取功名利禄。至于任侠骑射之习、对韬略边防的研究，原本也是出于他的志向与功利之心。

然而，当在科举之路上屡屡受人排挤，见到社会的黑暗面后，他开始厌倦这个污浊的尘世。他认为，引用圣贤的语言写出华美的词章诗文，不过是用文字让精神徒增疲劳而已，人心中的灰暗之处仍然未被照亮。而科举及第，进入仕途，也并不是人世间至

高无上的荣誉。但凡头脑清醒的人，即使因官职或诗文而博得了世俗的名声、获得了荣华富贵，也不会因此得意扬扬。王阳明心思敏锐。在他看来，人生仿佛风前的烛火、水上的泡沫，而荣华富贵就像过眼云烟。世间有善有恶，人生的至道究竟在何处呢？此时，在他的眼中，俗世未免太过喧嚣，红尘也过于束缚人的自由。以前，他的志向或有意或无意地建立在功利心的基础之上，现在则逐渐发生了一些本质性的变化。

王阳明自视甚高，不愿像草木一般枯朽。他以至高无上的"道"为人生的最高目标。因这个至高无上的道，他产生了很多疑问与烦闷。据年谱记载，二十七岁时，他"自念词章艺能不足以通至道，求师友于天下又不数遇，心持惶惑"。这便是他感到烦闷的开端。

王阳明之所以感到烦闷，除了对人生感到灰心失望这个原因，还有一个重要的原因，那就是他所患的疾病。尽管幼年时性格活泼，但这只是指他具有精神方面的活力，并不意味着他有一个强健的身体。

王阳明神经敏锐，时常处于特别兴奋的状态。无论是在梦中，还是在清醒时，他的脑子总是很活跃。有时，他甚至还会在梦中作诗或突然开悟。在他的梦境与现实之间，似乎有一种神秘的契合感。二十一岁时，连着七天七夜，他一直思考竹子的道，以致引发疾病。二十七岁时，他再次专注于宋学。长久的凝神沉思导致他旧病复发。同时，精神上的苦闷也影响了他的身体。由于神经异常敏锐，他一旦兴奋起来就很难平静。可想而知，这样必然会打破身心的平衡。

许多患有肺病的人都常常神经过敏。在此后的二十余年中，王阳明确实也一直为肺病所苦，最后也因肺病过世。他何时患上肺病已不得而知。三十六岁时，他谈到过自己的肺病，说自己二十八岁那年，骑马时曾从马背上摔下，导致咳血。这或许是肺病的诱因之一。也许还有别的原因。三十六岁时，他自述："忽患虚弱咳嗽之疾。"他三十岁那年春天生的病，一直到秋天才慢慢痊愈。后来，他前往江北审判案件，经历了风霜寒暑，虚弱咳嗽之症复发，还出现了发烧的症状。直到第二年，他的身体都一直很虚弱。最后，他终于得以回乡养病。

三十岁和三十一岁的这两年是他最烦闷的时期。正是在这个时期，他醉心于佛老之学。可想而知，他感受到了死亡的压迫感，也意识到疾病带来的不安与无奈。他看到了人生的无常，想要摆脱疾病和死亡带来的痛苦，所以经常感到烦闷。烦闷之初，他曾尝试从儒家学说，尤其是被视为权威之学的朱子学中，寻求解脱方法。但即使诵读了千万字的儒家典籍，他仍无法信服其学说。他无法凭借这些"由空洞语言组成的、经过精心雕琢的"理论来实现悟道。因为信仰必须在个人的心中自发地产生，悟道也必须通过个人自己的努力来实现。王阳明生性豪放不羁，本来就不可能机械被动地、不求甚解地去学习和相信当时的权威之学。他一定要用自己的内心去深刻体会其中的奥义。他尝试着凝神沉思，却发现朱子学只是由烦琐的词句堆砌的、毫无体系性的理论。长

期的凝神沉思和郁闷，使他的疾病复发。他原本想要依靠朱子学来摆脱苦闷，却发现更加烦恼。于是，他转而求助于佛老之学。说到底，疾病带来的痛苦与对死亡的忧虑是他感到烦闷的重要原因。神仙之术可以教人们如何长生不老，佛学可以让人摆脱痛苦。因此，他转而关注佛老之学也是必然的。

王阳明之所以会向往诸如佛老之学这样的出世学说，多少是因为受到了世代传承下来的隐逸无求的王氏家风的影响。

李白的诗文也深刻地影响了王阳明。李白仙风道骨，时常创作诗歌，表达一些愤世嫉俗的观点。他常常放浪于山水之间，在岭穴中居住，还炼丹服药。他期待能脱离红尘俗世，过上一种神仙般的生活。这种遁世的思想经常体现在其诗歌之中。

最后，从大的方面来说，南方独有的厌世思想也直接或间接地影响了王阳明。在中国，南北方的文化截然不同。南方气候温暖，物产丰富，当地人往往想象力丰富，感情细腻。因为衣食无忧，所以许多人开始思考人生及宇宙的奥秘；加上道教和佛教在南方的盛行，这样便塑造了一种南方文化，并形成了一种放荡不羁的风气：既不拘泥于世俗，又不太注重伦常。后来，这种风气逐渐演变成一种厌世隐遁的风气。王阳明所处的时代正是这种风气在士大夫阶层盛行的时期。王阳明曾经说过，"世间高明之士，多厌倦儒学，转而学习佛老之学。因为当时的儒学支离破碎，没有形成统一的意义"。与王阳明往来的就有这样的士人，所以他受到了这种风气的影响。

第　九　章

"第四溺"及"第五溺"：佛老之习（下）

　　王阳明自述，从八岁起，他就对神仙之术产生了浓厚的兴趣。传说仙人广成子[①]直到一千五百岁时都不曾衰老，而李伯阳[②]从商朝一直活到了周朝。修行了神仙之术，最厉害的人可以在天地间遨游，可以眼观六路、耳听八方等。上述种种传说都深深吸引了年少时的王阳明。十八岁那年，在铁柱宫向一位老道士学习导引之术时，他忽然顿悟。可以说，自少年时起，王阳明就与神仙之术结下了不解之缘。二十七岁时，因郁闷成疾，王阳明听一位道士讲解养生之道，此后便产生了隐世入山的想法。后来，他越来越苦闷，对神仙之术越发沉迷，并试图从中找到自我解脱的方法。

　　三十岁那年春天，王阳明生病了，到了秋天才痊愈。此后，他前往江北审讯案件，后来前往九华山游玩。在九华山时，他作了一篇长赋，表达了自己烦闷的心情，以及厌世甚至想要隐世的想法。在此期间，他游历了九华山的无相寺、化城寺等寺庙或道观。每次游历，他都会留宿，并向和尚或道士请教问题。

　　一次，王阳明碰到了一个姓蔡的道士。蔡道士蓬头垢面，好像癫狂之人，盘坐于道观之中。王阳明一见，便认定他是个神人异士，于是上前行礼，问道："神仙之道可学乎？"

　　蔡道士摇摇头，答道："不可，不可。"

　　过了一会儿，王阳明命左右随从都退下，请蔡道士到后亭，

---

① 相传是上古黄帝时候的人物。——译者注
② 即老子，姓李名耳，字聃，一字伯阳，或曰谥伯阳。——译者注

向他行礼后，又问了同样的问题。

蔡道士仍然摇头，回答道："不可，不可。"

王阳明再三请求后，蔡道士才说："你觉得自己作揖行礼是礼数周到，但在我看来，完全是一副官场中人的面相，何谈什么神仙呢？"

蔡道士的一番话真是一针见血。王阳明听了，大笑一番，也不再强求，便告辞离开了。

后来，王阳明又去地藏洞游玩。据说，在陡峭的山顶上住着一个无名的老道士。老道士收集松树的落叶，在落叶上坐卧，从不烧火。王阳明很想一睹真容，便翻山越岭爬到山顶。到了山顶一看，果然有个老道士蜷缩着双腿正在酣睡。王阳明就在一旁坐下，一边用手摩擦双腿取暖，一边静静等着他醒来。

终于，老道士醒了，看见王阳明大吃一惊，问道："你是如何来到这悬崖峭壁处的？"

王阳明回答："我想问道于你，所以不辞辛苦来到此处。"

老道士首先跟王阳明讲授了佛老之学的要领，后来谈到了儒家。老道士说："周濂溪①和程明道②是儒家两大人物；而朱考亭③只会讲课，他的学说还不是最上乘的。"老道士一直高谈阔论，

---

① 即周敦颐（1017—1073），字茂叔，谥号元公，世称濂溪先生。他是儒家理学思想的开创者。——译者注

② 即程颢（1032—1085），字伯淳，世称明道先生。——译者注

③ 即朱熹（1130—1200），字元晦，号晦庵。——译者注

言语间带有玄秘之意。王阳明听得入迷，完全不想离去。第二天，他又来拜访。但老道士早已去了别处，没了踪影。他不免怅然，只得扼腕叹息①。

从老道士和蔡道士身上，我们不难看出，当时修炼神仙养生之术的人是如何生活的。

第二年即弘治十五年（1502 年），王阳明三十一岁。他因公事前往江北，途中旧病复发，身体越来越衰弱，内心的苦闷也日益加剧。最后，他辞去官职，回到了故里越城。在距离越城东南三里的四明山中的阳明洞②里，他修了一间屋舍，并在此隐居。四明山共计二百八十二座山峰，主峰叫芙蓉峰。芙蓉峰南侧有块巨大的悬岩崖。崖上有四个洞穴，可通日月之光，从远处仰望，好像四扇宽敞明亮的窗户。王阳明特别喜欢此处的景致，所以在此隐居。他自号"阳明"也是从这时开始的。

王阳明想起，早年曾向铁柱宫道士学习过导引之术。于是，他在洞中静坐修行。经过一个月的修炼，他的思绪可以自由驰骋，甚至可以预知未来之事。一天，他说有四位官员即将前来拜访，让侍奉的童子在五云门处等候。童子遵照王阳明的命令，出了五云门，果然看见四位访客。这四个人是王阳明的朋友。童子告诉这四位访客，自己是按照阳明先生的吩咐在此等候的。四人听后，

---

① 当时，王阳明还作了一首诗："路入岩头别有天，松毛一片自安眠。高谈已散人何处，古洞荒凉散冷烟。"可见王阳明对老道士的崇敬与不舍之情。——原注

② 在四明山以南。——原注

均大吃一惊，因为他们并未提前告知过王阳明。见到王阳明后，四人询问他如何能够未卜先知。

王阳明答道："只是因为心清而已。"也就是说，去掉了所有的妄念杂虑，心灵变得清净，神明就会显灵，让人可以未卜先知。

四个人把这件事告诉了其他人，大家都觉得不可思议。后来，不断有人前来拜访王阳明，询问自己未来的运势。不可思议的是，许多事情都被王阳明说中了。过了一段日子，王阳明突然醒悟："此乃簸弄精神，非道也。"于是，他再也不说未来之事了。①

---

①　暂且不论王阳明获得未卜先知的能力是不是偶然，他在获得这种神秘的能力之后，一旦意识到这并不是正道，就马上将其放弃。这也是值得我们深思的一个问题。——原注

第 十 章

王阳明性格的两面

在这里，我有必要叙述一下王阳明性格中比较突出的两个方面。他拥有卓越的思维能力，也拥有出色的实践能力。这种动静兼备的个性早在他年少时便已经突显出来。孩提时代，他就是个孩子王。他沉溺于任侠之习，不久又醉心于骑射之术。后来，他开始孜孜不倦地练习书法，仅在洪都时，就写完好几筐纸。他认识到自己的性格过于浮躁，便一心改过。即使旁人不信，他也坚持谨言慎行。虽然在科举中数次落榜，但他并不以落榜为耻，而以在意落榜为耻。他曾经从马上摔下，以致咳血，但仍然坚持策马前行，不肯乘轿。他运用兵法组织民夫修建王越之墓，使工程很快竣工。他担任司法官员时，百姓们也称赞他公正严明。从上述事例中，我们不难看出王阳明性格中动的一面，即出色的实践能力。

早年，王阳明在铁柱宫中彻夜静坐，甚至忘了回家。他为了参透亭前竹子的道，思考了七天七夜，以致病倒。为了研究兵法，他阅读了兵家的所有藏书。他认为自己还没有达到词章之学的极致，于是又埋头研习朱子学。由于沉思过度，他旧病复发。在九华山游玩之时，他在各处的寺庙道观留宿求道。隐居于故乡的山洞时，他静坐修炼多日，结果获得了预知未来的能力。以上事实都体现了他性格中静的一面，即卓越的思考能力。

王阳明善于将出色的实践能力与卓越的思考能力完美地结合起来。他在精神方面的专注力已经达到了极致。他原本就神经敏锐，可以保持长时间的兴奋状态。与此同时，他还具有顽强的毅力。

因此，相较于一般人，他更能够长时间地、全身心投入地去做一件事。他能够花一周时间去"格竹"。对普通人而言，这是不可能完成的事情。他在洞中研习导引之术，最后获得了神秘的能力，这也可以视作他精神专注的结果。而他的"第五溺"也足以证明：无论是动还是静，他都可以集中注意力。

王阳明并未将卓越的思考能力和出色的实践能力分离，而是试图将两者完美地结合在一起。这一点也体现在他自创的书法中。他不愿只是机械地模仿古人的字形，而是先静心思考，在心里构造字的形状，并归纳总结所学的书法知识，再结合自己的想法，创造出具有个人特色的字体。

王阳明从不纸上谈兵。有时，他会在宴席上用果核来演示战术和阵法。学习了王越的用兵之道后，他马上付诸实践，还利用闲暇时间演练八阵图。他将思想与实践结合起来，不让思想脱离实践。尤其在研习兵法时，他更重视实践，从不让所学的内容脱离实践。一般认为，王阳明是从兵法中提炼心学的。而事实确实如此。由这个习惯可以得知，王阳明的思想确实没有脱离现实。他的实践不会盲目地拘泥于某种固定的形式，也不会轻易地附和某种习俗。可以说，他的实践是用心领悟而来的智识在实际生活中的体现。

思想不脱离实践，实践也不脱离思想。王阳明善于将自己出色的思考能力与实践能力统一起来。这为他在不久的将来提出知行合一学说打下基础。后来，他提出了具有深刻哲理意义、极富

实践性的学说。说到底，王阳明自己的理论，是由于他性格中的两面性不断发展，并最终通过他的自我体认和觉悟形成的。在我看来，分析王阳明在少壮时期的行事风格及心理特性，有助于理解他此后的理论学说。

第 十 一 章

脱离佛老之学

　　现在，王阳明隐居在四明山的山洞之中。他将自己卓越的思维能力充分地运用到对佛老之学的研习中。积极进取的他锲而不舍，想要领悟人生的第一要义。经过深思熟虑后，他欣然领悟到，人生的至道就在佛老之学之中。他出世的愿望因此越发强烈。不过，他始终认为，自己心中似乎还有与佛老之学相互矛盾的地方。因此，他一直在犹豫，是否要摆脱红尘俗世。事实上，王阳明意识到的矛盾，就是佛老之学主张的"出世"观点与他自身的社会性之间的矛盾。

　　此前一年，王阳明在九华山游玩。一方面，他厌倦了人世的无常与红尘的羁绊，迫切地希望得道成仙；另一方面，四顾红尘，他意识到芸芸众生都是自己的同胞，尤其是当时匪乱猖獗、生灵涂炭，他不忍心独善其身，坐看苍生受苦。更何况，一想到亲人的养育之恩，他就更不忍心与红尘俗世一刀两断。这种矛盾让他特别烦恼。他隐居在家乡的山洞里，在从佛老之学中悟出至道的过程中，越发想要超脱遁世。可即便如此，一想到疼爱自己的祖母岑氏和父亲王华尚在人世，他百般不舍。辗转反侧之间，烦闷的他忽然有所顿悟："这种孝顺的念头在人的孩提时代便存在，这是人固有的本性。如果去除了这种念头，就是切断了这种人性。儒学之所以排斥佛老之学，原因就在此处。如此看来，三教之中，儒教最正确。"

　　与此同时，他想再次为俗世做点贡献。后来，他的志向也曾在入世之道与出世之教之间彷徨，心情一直很烦闷。在此间的书

信中，他曾自述在儒学与佛老之学间"依违往返，且信且疑"。不过，渐渐地，他回归了儒学。

他来到杭州西湖养病。杭州一带风景秀丽，自不待言。不过，他前来的目的不是游山玩水。一般而言，风景秀丽之处，常有古刹幽居，而奇人多居住于此。王阳明四处游历，是希望能与得道之人相遇，从而排解心中的烦闷。

一天，他来到杭州的虎跑泉，发现有一处寺庙，里面坐着一个和尚。据说这个和尚已经坐禅三年，终日闭目静坐，一语不发。

王阳明一见到他，便一语道破禅机："你这个和尚，从早到晚，嘴巴嘟嘟囔囔说着什么？成天睁着眼睛，在看什么？"

和尚大吃一惊，站了起来，朝王阳明一拜，说道："贫僧已经三年不曾言语，也不曾睁眼。大人为何说贫僧开口说话，还睁着眼睛？"

王阳明反问他："你是哪里人？离家几年了？"

和尚回答："我家在河南，已经离家十来年了。"

"你家几口人？"

"我只有一个老母亲，也不知道现在是否还在人世。"

"你思念母亲吗？"

"思念得不得了。"

"你对母亲思念得不得了。你虽然嘴上不说，却始终在心里说；你虽然闭着眼不见，却始终在心中见。"

听了这番话，和尚幡然悔悟，继续向王阳明请教。

　　王阳明接着说："挂念父母是人的天性。你为什么要斩断尘缘？你思念母亲就是这种天性的显现。你终日在此静坐，不过是扰乱心绪而已。"

　　没等他的话说完，和尚便禁不住大哭起来，并再三拜谢。

　　第二天，王阳明又去庙里拜访这个和尚，但得知他一大早就扛着行李回老家了。王阳明感慨道："人性本善，于此僧可验也。"自此，他更加潜心研习圣贤之学了。

　　出世隐遁原本就是任性的行为。所谓出世，就是因世俗的义务而感到烦恼，想要逃避而独自快活。人始终具有社会性。每个人在社会中都有应尽的义务。但有的人就想独自生活。因此，孔子曾经指责隐士，说"鸟兽不可与同群，吾非斯人之徒与而谁与"，还抨击他们"欲洁其身，而乱大伦"。隐居的生活与人本身之间存在着极大的矛盾。人原本就具有社会性。脱离红尘俗世而一味追求自我满足的行为，源自将人的个体性视为自我的全部这一错误观点。如果一个人任性地选择隐居遁世，便是从根本上违背了人自身的社会性，是不可能自安其心的。王阳明虽然向往出世，但挂念父亲王华与祖母岑氏。他在杭州碰到的那个和尚虽然出家十余年，但仍然会情不自禁地挂念母亲。上述事例都体现了人的真实本性。王阳明深刻地领悟到：只有尽了世俗的义务，才能实现自我的本性。自此，他越发信奉儒学了。与此同时，他得到了二程、朱熹等宋儒的著作。他发挥了自己绝佳的思考能力，开始竭尽全力研习格物致知之说。每每遇到一事，他总要穷尽其中的

道理才肯罢休。

第二年，即弘治十七年（1504 年），王阳明三十三岁，他放弃了此前的退隐生活，开始回归社会。这一年秋天，他被委任为山东乡试的主考官。他认识到身负选拔人才的重任，所以在主持乡试时尽职尽责。他出了如下考题，表达了自己在处理国事方面的一些主张。

其策问议国朝礼乐之制：老佛害道，由于圣学不明；纲纪不振，由于名器①太滥；用人太急，求效太速；分封、清戎、御敌、息讼，皆有成法。

弘治十七年九月，王阳明改任兵部主事，赴京上任。此时，他在思想上越来越入世。不过，他还未完全放弃佛老之学。甚至在第二年，三十四岁的他还说过厌倦尘世，想要拂袖而去之类的话。到了这年秋，他的志向终于完全回归到儒学上。他写了一首题为《赠阳伯》的诗，全诗如下：

阳伯即伯阳，伯阳竟安在？

大道即人心，万古未尝改。

长生在求仁，金丹非外待。

————
① 即名号与车服仪制。古代用以区别尊卑贵贱等级。——译者注

谬矣三十年，于今吾始悟。

王阳明还说过"犹为尘世留，自今当勇往"之类的话。可见，在幡然醒悟的同时，他决定要在人生大道上奋勇前进。自此，他开始收徒。不过，他发现这些弟子常常流于世俗，只是一味背诵词章诗文。于是，他反复提醒弟子们要注意研习修身养性的学问。当时，师友之道久废。有人诽谤王阳明标新立异，想要出名。对此，他毫不在意，只是一心讲学和教导弟子。

也正是在此期间，王阳明结识了同道中人湛若水。湛若水，字元明，是陈献章①的高足。湛若水生性沉稳，做学问讲求自得，是明朝的一位大家。王阳明与他一见如故，两人意气相投，毅然决定共同以倡导圣学为己任。

王阳明曾自述："某幼不问学，陷溺于邪僻者二十年，而始究心于老、释。赖天之灵，因有所觉，始乃沿周、程之说求之，而若有得焉。顾一二同志之外，莫予翼也，岌岌乎仆而后兴。晚得友于甘泉湛子，而后吾之志益坚，毅然若不可遏，则予之资于甘泉多矣。"这段文字描述了他与湛若水之间的来往，也可一窥当时他对儒学的看法。他与湛若水成了志同道合的至交好友。两人不断切磋学术问题，共同钻研学问。

---

① 陈献章（1428—1500），字公甫，号石斋。明代中期思想家、哲学家、教育家、书法家、诗人，"心学"的奠基者，广东唯一一位从祀孔庙的大儒，被后世尊为"圣代真儒""圣道南宗""岭南一人"。——译者注

至此，王阳明的烦闷告一段落。是研习佛老之学，还是研习儒学，他已经作出了决定。不过，他此时还没能理解人生的根本意义。他之所以决定回归儒学，是因为对"大道即人心""长生在求仁"等言论有所领悟。但他研习儒学的意志还不够坚定。不久之后，他又开始感到烦闷了。

第 十 二 章

悟道历程(上)：直谏、下狱与流谪

所谓"月欲明时云又遮，天欲晴时雾又锁"。王阳明刚刚开始安心研习神仙之术，突然就陷入烦闷之中；悟出佛学道理后，又陷入苦恼之中。在不断的烦闷与苦恼中，他历经了"第四溺"和"第五溺"，最终回归儒学。回归儒学后，他也经历了许多心酸事。其间，经过不断的修行与磨炼，他逐渐进入大彻大悟的境界。

在叙述王阳明的悟道历程之前，我们还需要留意他自身的经历。王阳明的学说与实际生活是统一的。因此，如果不结合他的实际生活，就无法理解他的思想学说。

放弃隐居生活后，王阳明先后担任了山东乡试的主考官、兵部主事。他开始以提倡圣学为己任，在俗世中不断追求上进。

在此期间，他身上发生了一件大事。

正德元年（1506 年），王阳明三十五岁。明孝宗朱祐樘驾崩后，明武宗即位。后来，明武宗宠爱的东宫宦官刘瑾等八人把持了朝政。早在明朝初年，明太祖朱元璋就总结了历朝历代失败的原因，所以禁止宦官参与朝政。但明成祖朱棣正是获得了宦官的内应才成功篡位的，所以宦官自此又获得了皇帝的信任，并且逐渐把持了朝政。在明武宗即位之前，宦官已在朝廷横行了八十年，导致内政腐败、外防涣散。明武宗即位后，宦官刘瑾等人的所作所为比起之前的宦官，有过之而无不及。他们都是奸邪小人，鼓动明武宗每日沉溺于嬉戏玩乐，还经常怂恿其除掉正直忠良的大臣。这些得势的宦官在朝廷横行霸道，惹得官员们都侧目而视。世人将宦官刘瑾等人称为"八党"或"八虎"。

时任南京科道官①的戴铣②和一个叫薄彦徽③的忠臣一同向明武宗直谏："皇上刚刚执掌朝政，应该亲君子远小人，不应该轻易斥责大臣、重用宦官之流。"然而，这两人因此遭到刘瑾等人的诬陷，最终身陷囹圄。

对此，以道义为己任、侠骨铮铮的王阳明又怎能袖手旁观呢？他又是如何怀着满腔热血上疏朝廷，以此搭救戴铣和薄彦徽的呢？

王阳明向明武宗上了一份奏折，大意如下：

> 臣闻君仁则臣直。大舜之所以圣，以能隐恶而扬善也。臣迩者窃见陛下以南京户科给事中戴铣等上言时事，特敕锦衣卫差官校拿解赴京。臣不知所言之当理与否，意其间必有触冒忌讳，上干雷霆之怒者。但铣等职居谏司，以言为责。其言而善，自宜嘉纳施行；如其未善，亦宜包容隐覆，以开忠谠之路。乃今赫然下令，远事拘囚，在陛下之心，不过少示惩创，使其后日不敢轻率妄有论列，非果有意怒绝之也。下民无知，妄生疑惧，臣切惜之！
>
> 今在廷之臣，莫不以此举为非宜，然而莫敢为陛下言者，岂其无忧国爱君之心哉？惧陛下复以罪铣等者罪

之，则非惟无补于国事，而徒足以增陛下之过举耳。然
则自是而后，虽有上关宗社危疑不制之事，陛下孰从而
闻之？陛下聪明超绝，苟念及此，宁不寒心！况今天时
冻冱，万一差去官校督束过严，铣等在道或致失所，遂
填沟壑，使陛下有杀谏臣之名，兴群臣纷纷之议，其时
陛下必将追咎左右莫有言者，则既晚矣。伏愿陛下追收
前旨，使铣等仍旧供职；扩大公无我之仁，明改过不吝
之勇；圣德昭布远迩，人民胥悦，岂不休哉！

　　臣又惟君者，元首也；臣者，耳目手足也。陛下思
耳目之不可使壅塞，手足之不可使痿痹，必将恻然而有
所不忍。臣承乏下僚，僭言实罪。伏睹陛下明旨，有"政
事得失，许诸人直言无隐"之条，故敢昧死为陛下一言。
伏惟俯垂宥察，不胜干冒战栗之至！

　　洋洋洒洒的一份奏疏表达了王阳明的一片忠君之心。可这份
奏折到了朝堂后，触怒了宦官刘瑾等人。他们将王阳明投入监牢，
处以杖刑四十的惩罚。刘瑾甚至派心腹去监督行刑，所以杖刑的
力度甚于往常。受刑后，王阳明一时气绝，随后才慢慢苏醒过来。
后来，王阳明被贬谪到贵州的龙场驿，出任驿丞一职。

　　王阳明忠心耿耿，却招来如此祸端。他并不是戴铣那样的谏官，
与戴铣和薄彦徽也素不相识；他也明白只要保持缄默，就可以独
善其身。不过，王阳明始终认为"苟圣明之有裨兮，虽九死其焉恤"，

甘心尽忠于朝廷，万死不辞。此时，其父王华在京师任礼部侍郎一职，得知儿子因进谏而被贬后，他非但不担心或难过，反倒大喜，说道："吾儿是忠臣，可名垂千古，吾无丝毫遗憾。"真可谓"有其父必有其子"。

第二年，即正德二年（1507 年）四月，王阳明与知己湛若水依依惜别，踏上了前往贵州龙场的路。宦官刘瑾命两个手下尾随其后，让他们伺机除掉王阳明。行至钱塘江时，这两人的行踪被王阳明察觉。于是，王阳明急中生智，将鞋子留在岸边，把帽子扔在水面上，佯装投江自尽，同时还留下了一首绝命辞：

自信孤忠悬日月，岂论遗骨葬江鱼。

百年臣子悲何极？夜夜潮声泣子胥。

王阳明偷偷登上一艘商船。随船渡海来到浙江舟山后，他换乘了另一艘商船。不料，后来刮了一整夜的飓风，将这艘商船吹到了福建境内。

以下题为"泛海"的一首诗就是王阳明从钱塘江逃到福建时所作：

险夷原不滞胸中，何异浮云过太空？

夜静海涛三万里，月明飞锡下天风。

虎口脱险的王阳明，漂荡在茫茫大海上，不知道何去何从。即便如此，他此时创作的这首诗仍然表现出超凡脱俗的想象力及酣畅淋漓的文笔。

王阳明随船漂流到福建境内，被巡逻的兵船发现。巡逻士兵见他不像商人，便将他扣下，严加审问，还向当地的有司报告了情况。王阳明担心与官府接触后会难以脱身，于是伺机偷偷逃走了。

关于王阳明逃走后的经历，有一个有名的传说，其真实性尚存疑，不过，因为流传甚广，姑且叙述一下。

王阳明逃脱后，沿着杳无人迹的山路一直纵马狂奔。跑了三十余里后，他终于来到一座古寺前。此时暮色已深，他便想在寺中借宿一晚。然而，寺中的和尚一口回绝，说该寺有寺规，夜晚不得留客借宿。无奈之下，王阳明只好去了旁边一座废弃的破庙。他疲劳至极，靠着破庙里的神案，马上就睡着了。然而，没想到的是，这座破庙竟有老虎出没。不明就里的过路人如果在这里借宿，到了午夜就会被老虎吃掉。这样到了第二天，隔壁古寺的和尚就可以将路人的行李占为己有。这也是和尚拒绝王阳明留宿的原因。当晚三更时分，一群老虎绕着破庙大声吼叫，却没有一只进去。第二天早上，四周一片寂静。古寺的和尚断定王阳明早已成了老虎的腹中之物。他来到破庙，却发现王阳明安然无恙，还在呼呼大睡。和尚大吃一惊，认定王阳明绝非常人，便邀请他去寺里吃早饭。

此外，还有一个传说。据说，正如二十年前铁柱宫的老道士预言的那样，王阳明后来果然与他再次相逢。王阳明对老道士说，自己想要就此隐姓埋名、隐居于世，然后询问他的意见。老道士回答，万一你还没死的事情被刘瑾等人得知，他们一定会迁怒于你的父亲。况且自古以来，英雄都是历经千辛万苦，才能立下大功。听了老道士的一番话，王阳明感慨万分，决定奔赴龙场。

破庙群虎的传说也好，与老道士重逢的故事也好，真实性都不高。不过，也有人认为，破庙群虎的传说是人们为了影射被称为"八虎"的刘瑾等人而虚构的故事。不过，无论如何，王阳明在危难之际也能泰然处之，这确实是毋庸置疑的事实。另外，我们也可以得知，在山穷水尽之时，王阳明一度打算再次遁世，不过马上又打消了这个念头。他在此期间创作的许多诗文，都带有一种从容不迫的意趣。可见，此时的他早把得失荣辱视为天命，不再有以往那种消极厌世的情绪了。

如前文所述，王阳明摆脱了巡逻的士兵，抄小路而行。经过武夷山时，他听到了自己一直挂念的父亲的消息，十分高兴。此时，刘瑾迁怒于王华，让他转任南京礼部尚书。王阳明便偷偷潜入南京，探望父亲。此前，王华得知儿子"在钱塘江投水而死"，非常震惊，赶紧派人四处搜寻。有司也请渔民帮忙搜寻了好几天，可始终没有找到王阳明的尸体。最后，王阳明的家人只好在江边祭祀并哀悼他。现在，突然看到儿子平安归来，王华喜出望外。可惜的是，王阳明不能在南京久留。一到年底，他便赶往贵州龙场。

第十三章

悟道历程（中）：流谪时的内心生活

在叙述王阳明龙场生活之前，有必要回顾一下他从获狱到奔赴龙场这两年的内心生活。年少时，王阳明并非完全没有体会过世态炎凉。但总体来说，在物质生活方面，他还是比较富足的，所以那时的烦恼和忧愁主要是来自他本人的思想及身体。后来，王阳明非但壮志未酬，反倒遭受了入狱、被贬的耻辱。他时时担心会连累父亲。与亲朋好友分离也让他非常痛苦。他悲痛伤感，长吁短叹，感慨万千。许多绝妙的诗文也出自这个时期。在狱中，他时常非常兴奋；午夜梦回之时，又不免发幽幽思古之情，以至涕泗滂沱。他说"我心良匪石，讵为戚欣动"①，又说"尝哂儿女悲，忧来仍不免"②，感叹自己无法抑制懊恼情绪。

本来就身体虚弱的王阳明，经历了这一番劳累和忧虑后，变得更加憔悴。在此期间，每当提到自己的病情时，他说"病肺正思移枕簟"③、"病齿废谈诵"④、"思家有泪仍多病"⑤。他曾在胜果寺逗留了一段时间，一边养病一边与弟子徐爱讲学。后来，就发生了上述钱塘江遇险之事。可想而知，病情更让他感到苦闷。

那么，王阳明究竟是如何摆脱这种苦恼和忧虑的呢？此时，他已经决定，要一心研习儒学，从中寻求解脱苦恼与忧虑的方法。

---

① 出自王阳明狱中诗《不寐》。——译者注

② 出自《一日怀抑之也抑之之赠既尝答以三诗意若有歉焉是以赋也（其一）》。——译者注

③ 出自《移居胜果寺》。——译者注

④ 出自《长沙答周生》。——译者注

⑤ 出自《天涯》。——译者注

尤其在读了《周易》后，他明白了天地万物的盈虚消长之理，也懂得了形气、顺天理、安心立命等道理。他在狱中研习《周易》，并自述"瞑坐玩义易，洗心见微奥"[1]。后来，即便是在赶赴龙场的途中，他还不忘思考《周易》中的道理。可见王阳明是通过《周易》之学来实现自我领悟与自我安慰的。[2]

因为这次的灾祸是他坚持正道所致，所以他丝毫不觉得愧疚。他非但不会愧疚，反倒认为以正道为己任才能垂范子孙。所谓的艰难困苦并不能让他动摇。一方面，他对世态炎凉有些烦恼；另一方面，他又有自己的信念。这就是他被贬到贵州龙场时的精神状态。

龙场地处贵州西北部，隐于万山丛棘之中，正如有文章记载的那样，"蛇虺成堆，魑魅昼见，瘴疠蛊毒，苦不可言"，可以说是一块荒蛮之地。当地的乡民尚未开化，他们说的话在王阳明等人听来，简直不知所云。除了本地人，这里还有一些来自中原腹地的亡命之徒。

刚刚到达贵州龙场时，王阳明与三个随从连一个落脚之处都

---

① 出自狱中诗《读易》。——译者注

② 王阳明《泛海》一诗中的"险夷原不滞胸中，何异浮云过太空"，证明他已经领悟了易理。这首诗也表达了他刚刚摆脱险境的心情。此处再补充叙述他在奔赴龙场途中所作的一首诗，原诗如下："羊肠亦坦道，太虚何阴晴？灯窗玩古《易》，欣然获我情。起舞还再拜，圣训垂明明。拜舞讵逾节，顿忘乐所形。敛衽复端坐，玄思窥沉溟。寒根固生意，息灰抱阳精。冲漠际无极，列宿罗青冥。夜深向晦息，始闻风雨声。"——原注

没有。最初，他们砍掉丛生的荆棘，开辟了一块空地，在此搭建了一所草庵。搭好后的草庵还没有人的肩膀高。进入草庵后，人根本无法直立，只能横卧。过了一段时间，王阳明与随从在东面的山峰处发现了一个小石洞，便暂时把那儿当成故乡的阳明洞，搬了进去。

毫无疑问，这个山洞并不适合病弱的王阳明居住。不过，他安之若素，甚至认为这处居所别有一番情趣，所谓"君子无入而不自得焉"①。身居草庵时，他曾吟道："迎风亦萧疏，漏雨易补缉。灵濑响朝湍，深林凝暮色。"②后来，他搬到石洞时，又吟诗一首："童仆自相语，洞居颇不恶。人力免结构，天巧谢雕凿。清泉傍厨落，翠雾还成幕。我辈日嬉偃，主人自愉乐。"③同时，他也明白"素夷狄，行乎夷狄；素患难，行乎患难"④的道理。

王阳明谪居的忧虑不仅来自衣食住行方面，还来自浓浓的乡愁。他特别思念祖母岑氏与父亲王华，思念故乡。他曾情不自禁地吟道："游子望乡国，泪下心如摧。"⑤不过，他最大的忧虑倒不是因为乡愁，而是因为自己还没有悟道。他作了题为《溪水》

---

① 出自《中庸》第十四章。——译者注

② 出自《初至龙场无所止结草庵居之》。——译者注

③ 出自《始得东洞遂改为阳明小洞天三首（其二）》。——译者注

④ 出自《中庸》第十四章。——译者注

⑤ 出自《采蕨》。——译者注

的一首诗："溪石何落落，溪水何泠泠。坐石弄溪水，欣然濯我缨。溪水清见底，照我白发生。年华若流水，一去无回停。悠悠百年内，吾道终何成。"这首诗充分地表露了他当时的心声。"君子有终身之忧，无一朝之患"，这句话也体现了他当时的处境。由此可见，王阳明正逐渐成为一名哲人。

据说龙场当地有种风俗，一旦有中原人流浪至此，乡民就会将其杀掉，以祭拜神灵，为自己祈福。乡民曾经打算杀掉王阳明等人。不过，随着时间的流逝，他们渐渐被王阳明的高尚品德折服。他们开始每天为王阳明准备食物，与他越来越亲近，后来甚至把他视为亲人。

王阳明教会乡民如何修建房屋。乡民担心他住在潮湿的石洞里会影响健康，便提出要为他修建一座屋舍。当地无论男女老幼，都欣然前来，为修建屋舍各尽一份力。不到一个月，一座屋舍便建好了。王阳明想到《论语》中有一句"君子居之，何陋之有"[①]，便将房子命名为"何陋轩"。他在房前屋后种上竹子、草药等，显得别有一番情趣。他还在屋内摆放了琴、棋、书、画，日日吟诗作对，怡然自得。后来，他增盖了一间凉亭。他认为竹中自有君子之道，便在凉亭周围种上竹子，还将这座凉亭命名为"君子

---

① 出自《论语·子罕》。——译者注

亭"①，以此表明自己的志向。

后来，"寅宾堂""玩易窝"等也陆续建成。王阳明把这些居所统称为"龙冈书院"。在此期间，随着进一步深入钻研《周易》，对于如何安心立命，他也有了更加深刻的理解。"玩易窝"原本是山脚下的一处洞穴，因王阳明在这里研习《周易》，方得此名。

王阳明曾自述"始其未得也，仰而思焉，俯而疑焉"，又说"其或得之也，沛兮其若决"，还说："其得而玩之也，优然其休焉，充然其喜焉，油然其春生焉；精粗一，外内翕，视险若夷，而不知其夷之为厄也。于是阳明子抚几而叹曰：'嗟乎！此古之君子所以甘囚奴，忘拘幽，而不知其老之将至也夫！吾知所以终吾身矣。'"②可见，通过研习《周易》，王阳明收获颇丰。前来向他求学的人越来越多。当地乡民也越发敬爱他，并且逐渐接受了孝悌忠信、礼义廉耻等儒家思想，甚至还有外地乡民特地前来听王阳明讲学。所谓"君子居之，何陋之有"，由于王阳明的到来，龙场这片蛮荒之地也变成了一处光明之地。这是他到达龙场后十个月左右的事。

在龙场期间，王阳明收到了第一封家书。信中写道，得知王

---

① 王阳明在《君子亭记》中写道："竹有君子之道四焉：中虚而静，通而有间，有君子之德；外节而直，贯四时而柯叶无所改，有君子之操；应蛰而出，遇伏而隐，雨雪晦明无所不宜，有君子之时；清风时至，玉声珊然，中采齐而协肆夏，揖逊俯仰，若洙、泗群贤之交集，风止籁静，挺然特立，不挠不屈，若虞廷群后，端冕正笏而列于堂陛之侧，有君子之容。"——原注

② 出自《玩易窝记》。——译者注

阳明未死，居然还在南京与王华会面，刘瑾非常愤怒，于是修改了圣旨，逼迫王华辞职回乡。王阳明由此得知刘瑾怒气未消。他担心不知道什么时候对方还会加害自己，自己又患了病，还居住在这片瘴疠之地。他心想："得失荣辱，我都能超脱；惟生死一念，尚不能忘记。"

王阳明用屋后的石头凿成一副石椁，并在心中发誓："吾惟俟命而已。"他日夜在石椁中静坐，寻求内心的宁静，后来终于达到内心澄明的境界了。他忘记自己身处蛮荒之地，也忘记自己深陷困境之中。他终于摆脱了对死亡的恐惧。可以说，他用一种消极的方法解决了人生面临的最大问题。因为人如果完全摆脱了对死亡的恐惧，自然就可以轻易消除人生中的一切忧虑。此时，王阳明的随从们都因不堪忍受蛮荒之地的困苦而患上了疾病，只有他自己还能在困苦中保持平静，心无所动。于是，他亲自劈柴、挑水、煮粥，照顾随从。为了排解他们的忧虑，王阳明还给他们吟诗，演奏家乡的曲子，说笑话逗他们开心，让他们忘记疾病、困苦。与此同时，他开始思考，圣人如果面临这种困境，会如何应对。

第 十 四 章

悟道历程（下）：气节、安心与立命

在石椁中，王阳明对生死有了自己的领悟。当时，还发生了几件促使他悟道的事情。不知道什么原因，思州知府派人去龙场侮辱王阳明。早已被王阳明的品德折服的当地乡民为他打抱不平，对来人大打出手。思州知府勃然大怒，上告到王阳明的顶头上司毛宪副①那里。毛宪副派人来到王阳明住所，向他讲明了利害关系，并劝说他前往思州知府的官邸谢罪。然而，王阳明当即表明"此非道也"，拒绝了毛宪副的建议。

从王阳明写给毛宪副的一封信中，可以得知身处困境中的他是如何为人处世的，也可以一窥他当时的内心活动。信中大意如下：

　　但差人至龙场陵侮，此自差人挟势擅威，非太府使之也。龙场诸夷与之争斗，此自诸夷愤愠不平，亦非某使之也。然则太府固未尝辱某，某亦未尝傲太府，何所得罪而遽请谢乎？

　　跪拜之礼，亦小官常分，不足以为辱，然亦不当无故而行之。不当行而行，与当行而不行，其为取辱一也。废逐小臣，所守以待死者，忠信礼义而已，又弃此而不守，祸莫大焉！凡祸福利害之说，某亦尝讲之。君子以忠信为利，礼义为福。苟忠信礼义之不存，虽禄之万钟，爵

---

① 宪副为官职名。——原注

以侯王之贵，君子犹谓之祸与害。如其忠信礼义之所在，虽剖心碎首，君子利而行之，自以为福也，况于流离窜逐之微乎？

某之居此，盖瘴疠蛊毒之与处，魑魅魍魉之与游，日有三死焉；然而居之泰然，未尝以动其中者，诚知生死之有命，不以一朝之患而忘其终身之忧也。太府苟欲加害，而在我诚有以取之，则不可谓无憾；使吾无有以取之而横罹焉，则亦瘴疠而已尔，蛊毒而已尔，魑魅魍魉而已尔，吾岂以是而动吾心哉！①

如上所述，王阳明拒绝了毛宪副的提议。他身居大义，在权贵面前毫不畏惧。他将这起事件的责任归咎于思州知府的差人和当地的乡民。于是，思州知府也只有把怒火转移到他处。由此可见王阳明应对类似难题的高超手腕。王阳明只依据道义行事的坚定意志，让思州知府既羞愧又不得不服。自此，这起事件终于告一段落。

在此期间，还发生了一件事。当地有个叫安宣慰②的土著豪族，其势力与侯爵不相上下。安宣慰非常仰慕王阳明，想要拉拢他，时常给他送米、肉等物。然而，王阳明说自己只是被贬的小官，

① 见《答毛宪副（戊辰）》。——译者注
② 宣慰为官职名。——原注

身为土司的安宣慰如此厚待自己，于礼不合，因此，他谢绝了安宣慰的礼物。后来，安宣慰又派人给王阳明送礼物。这次除了米和肉，还有金帛、鞍马等。王阳明正准备拒绝时，就听来人说，这是主人的命令，务必要他收下。于是，王阳明引用了孟子所说的"周之，亦可受也"①，对来人说："敬受米二石，柴炭鸡鹅悉受如来数。其诸金帛鞍马，使君所以交于卿士大夫者，施之逐臣，殊骇观听，敢固以辞。伏惟使君处人以礼，恕物以情，不至再辱，则可矣。"②最后，王阳明只收了安宣慰派人送来的二石米及柴、炭、鸡、鹅等物，没有接受金帛与鞍马。

思州知府来犯一事显示出王阳明不屈服于权威的精神，而安宣慰一事表明他不为利益所动的气节。

在此期间，还发生了一件事。有一个宋氏，其地位与安宣慰类似，也是土著豪族。宋氏的部下阿贾、阿札等人反对宋氏，并发动了叛乱。按理来说，安宣慰应该协助宋氏，前去平定叛乱。但出于想要趁乱夺取宋氏地盘的目的，安宣慰一直按兵不动。王阳明得知后，给安宣慰写了一封信。在信中，他责备安宣慰作壁上观，同时对其晓以大义，劝其立即出兵，将功补过。收到来信后，安宣慰大吃一惊，随即恍然大悟。他马上率领部下平定了叛乱。王阳明只是一名小小的驿丞，但事先识破了安宣慰的不良居心。

---

① 出自《孟子·告子章句下》第十四节。——译者注
② 见《与安宣慰（戊辰）》。——译者注

当地百姓因此获得了安定的生活，越发对王阳明感恩戴德。

由此可见，王阳明大义凛然，早已将生死福祸、利益得失置之度外。他安心立命，已经真正悟道，可以坦然面对利害关系与个人安危了。

第 十 五 章

摆脱生死的烦恼

王阳明如何摆脱生死之忧？这是我最想了解的内容。摆脱生死之忧的方法也是他修身养性的重要途径之一。晚年，王阳明曾经对弟子说："一个人，即便能从功名利禄等一切常人的欲望中解脱出来，但如果他的心里还一直有生死的观念，也就意味着他并未大彻大悟，所以不能说这个人完成了彻底的修行。生死的观念来自生命的本源，因此，人们无法轻易地消除生死的观念。一旦能看破这一点，就能到达圣人之境。"

王阳明在贵州龙场的石椁之中参透了生死问题。不过，他并不是用语言或理论来解释孟子所说的"夭寿不贰，修身以俟之，所以立命也"①之类的教诲，而是在亲身经历中领悟的。晚年，他曾经对孟子的上述语句做了如下具体的解释："今且使之不以夭寿贰其为善之心，若曰死生夭寿皆有定命，吾但一心于为善，修吾之身以俟天命而已。"②可想而知，身处贵州龙场之时，王阳明有了相同的领悟。在思州知府差人被殴后，王阳明曾自述："某之居此……日有三死焉；然而居之泰然，未尝以动其中者，诚知生死之有命，不以一朝之患而忘其终身之忧也。"

王阳明所谓的"一朝之患"，证明他已经将生死与福祸置之度外；"终生之忧"则表明他要遵守忠、信、礼、义的坚定意志。这与他此前所说的"所守以待死者，忠信礼义而已"其实是相同

---

① 出自《孟子·尽心上》。——译者注
② 见《传习录》中卷，《答顾东桥书》。——译者注

的意思。王阳明认为，因正道而死，虽死也是福；因不义而生，虽生也是祸。人如果能够尽人道，即便死去，也可以获得最大的满足。这也是人生不朽的意义。

一般认为，王阳明是在三十七岁那年的年底参透生死之道的。有人曾经向他请教神仙养生之术，他回答说："仆诚生八岁而即好其说，今已余三十年矣，齿渐摇动，发已有一二茎变化成白，目光仅盈尺，声闻函丈之外，又常经月卧病不出，药量骤进，此殆其效也……盖吾儒亦自有神仙之道，颜子三十二而卒，至今未亡也。"①

由此可见，王阳明已经领悟了长生不死的意义。在他看来，不朽不是指肉体生命的不死，而是指精神生命的永存。

徐祯卿②是王阳明少时的好友。最初，徐祯卿与王阳明、李梦阳、何景明等人一起研习词章诗文，声名在外。后来，徐祯卿阅读了《通书》③，忽然心有所动，认为把精力放在毫无意义的词章诗文上无疑是浪费生命。于是，他开始修炼神仙之术，想以此实现长生不老。王阳明三十九岁时，徐祯卿因对神仙之术过于沉迷，使身体受到了极大伤害④，所以整日担心自己命不久矣。

---

① 见《答人问神仙（戊辰）》。——译者注

② 徐祯卿（1479—1511），字昌谷。——译者注

③ 周敦颐的论著。——译者注

④ 神仙之术提倡服用丹药，而过量服用丹药会引发健康问题，甚至致人死亡。——译者注

一天，王阳明前来探望，并安慰他说："夫盈虚消息，皆命也……存心尽性，顺夫命而已矣，而奚所趋舍于其间乎？"王阳明的意思是，不知道天命是什么，只是一味恐惧死亡、期待生存并不是人生至道。听了王阳明的话，徐祯卿终于幡然醒悟。此后，他开始全心研习儒学。可见，他和王阳明一样，都历经了"第三溺"和"第四溺"，最终都回归到同一个方向上。

然而，不幸的是，徐祯卿不久便与世长辞，年仅三十三岁。王阳明悲痛不已，为他撰写了墓志铭，其中写道："或曰：'孔门七十子，颜子最好学，而其年独不永，亦三十二而亡。'说者谓颜子好学，精力瘁焉。夫颜虽既竭吾才，然终日如愚，不改其乐也。此与世之谋声利，苦心焦劳，患得患失，逐逐终其身，耗劳其神气，奚啻百倍！"这段话意指，如果只是迷茫地、毫无目的地忙忙碌碌，哪怕是活了一百年也毫无意义。但一个人如果能亲身实现至道，即使寿命短暂，他的一生也极有意义。哪怕是肉身死亡，他的生命也是不朽的。一般认为，上述观点是王阳明在龙场悟道时，即在他三十九或四十岁时提出来的。

也许是受到了孔子所说的"不知生焉知死"的启发，王阳明后来进一步用昼夜之道来解释生死之道。现将其论述的主要内容叙述如下："一个人如果能够理解白天与黑夜，就会明白生与死。认清了白天，自然就会认清黑夜。许多人白天好像是清醒的，但迷迷糊糊地起床，浑浑噩噩地吃饭，终日昏昏沉沉，这只是'梦昼'。

唯有做到'息有养，瞬有存'①，保持本心机警清明，让自己的生活具有真正的意义，这样才算是认清了白天与黑夜。不管是白天还是夜晚，自然是一直持续的。同理，无论生或者死，天理一刻也不曾中断。生与死原本就是一体。"

如上所述，天与人是一体的，生死本是一道。尽人事以俟天命。如果将天与人对立，将生存之道与死亡之道对立，都是思考得不够透彻的结果。人如果尽了自己的本性，就能够解决人生中的所有问题。我认为，身处龙场时的王阳明尚未彻底地参透上述道理，但他的思想确实是在往这个方向发展。也正因为此，当时的他可以完全摆脱死亡带来的所有恐惧。

不过，我们还必须留意：仅仅在口头上谈论王阳明关于生死的顿悟并不困难，但要像他一样，去深刻理解生死之道的真正含义并非易事。王阳明之所以能参透生死之道，是因为他基于许多亲身经历，同时结合了自己的思考与研究。换而言之，他是置之死地而后生。后人如果仅凭借虚空的想象来思考生死字面上的意思，就一定无法领会其真正含义。

---

① 出自北宋理学家张载的家训"言有教，动有法，昼有为，宵有得，息有养，瞬有存"。——译者注

中

编

第 十 六 章

知行合一（上）：格物致知之说

　　龙场悟道是王阳明一生之中的重大事件。不过，所谓的"悟道"，只是说他消极地摆脱了对死亡的恐惧，并不意味着他已经积极地、彻底地领悟了为人之道。按照王阳明的学说，生死之道是一体的。真正理解了死亡的道理，也就意味着真正领悟了生存的道理。不过，从王阳明的悟道历程来看，他对生和死的领悟并非同步，而是随着时间的流逝，逐渐将两者统一融合，最终才实现了对生死之道的领悟。从时间上来看，他首先领悟的是死亡之道。

　　王阳明认识到，通过修道可以摆脱对生死的忧虑。那么，什么是道？能否解释这个问题，对人的一生至关重要。以前，王阳明一直坚信这个道就是圣贤之说，并且他自己也有几分领悟，因此，他相信自己可以通过圣贤之说来摆脱对生死的忧虑。不过可惜的是，他一直没能达到悟道的境界。但几乎就在领悟死亡之道的同时，他才逐渐明白了"什么是道"。这段经历被世人称为"龙场悟道"。自此，在思想界，王阳明开启了一个新纪元。他领悟的结果，便是知行合一学说。

　　关于王阳明如何悟出知行合一的含义，我还需要补充一些内容。

　　此前，他历经"五溺"，最终决定从儒家学说中探索可以解决人生一切问题的方法。可这并不意味着他仅依靠背诵圣贤的文字著述来修道。最初，他将宋学主张的格物致知作为悟道的途径。他竭尽全力，想要提高自己的修养。但要格尽一切事物之理谈何

容易。今日格一物，明日格一物，可万事万物的道理支离破碎，并不统一。王阳明发现其他学者也有相同的情况：大家都是在虚空中穿梭，在黑暗中摸索，终日忙于寻求道理，却几乎不去付诸行动。如果只是这样磨炼自己的智慧与知识，知而后行，那么往往难以投身于实践。修身养性的目的是让我们的生活更善、更美。如果只是勤于思考，却不在现实生活中实践，这样是否就能修身养性？对此，王阳明一直心存疑问。

龙场悟道后不久的一天夜里，王阳明忽然在梦中参透了格物致知的意义。他觉得似乎有人在梦中告诉他致知的意义，他一下子恍然大悟，欣喜若狂，不禁大呼而起，把随从都惊醒了。仿佛是晨钟惊醒了一夜长眠的人一般，王阳明觉得豁然开朗。从此，他的思想发生了新的改变，变得更贴近现实，也更加积极上进了。[①]

那么，王阳明悟出的"格物致知"的含义究竟是什么呢？按照朱熹的解释，"格物致知"是"穷尽万事万物之理，便无所不知"的意思。不过，王阳明认为"格"就是"正"的意思，"物"就是"事"，"格物"就是"正其事"。按照王阳明的理论，"事"说到底都在心外，"格事"就是在行事之时，去除心中不正的念头，使心之本体保持原本的正。心之本体就是"知"，就是良知，

---

① 《王阳明出身靖乱录》中有这么一段文字："忽一夕，梦谒孟夫子。孟夫子下阶迎之，先生鞠躬请教，孟夫子为讲《良知》一章。千言万语，指证亲切，梦中不觉叫呼，仆从伴睡者俱惊醒。"也许，确有其事。——原注

是对"道"自然而然的自觉。如果我们全力做好格物的工夫，良知就不会受到人欲的遮蔽，就可以完全地发挥作用。这便是所谓的"致知"。也就是说，如果脱离了"实事"，就无法获得"实知"。在实际生活中，必须磨炼自己的心性，保持心正，这样才能获得真实的"知"。也就是说，"知而后行"的说法是错误的，不行就意味着不知，已知就意味着已行。"知"与"行"是同时进行的，不能分开考虑。因此，如果不去"行"，就只是凭空思考，就无法获得"真知"。王阳明正是基于自己的亲身经历，才悟出了格物的含义。他自述"谪官龙场，居夷处困，动心忍性之余，恍若有悟"，指的就是这段经历。

后来，王阳明逐渐拥有了出色的实践能力和思考能力。他没有将实践与思考割裂开，而是将二者统一起来。当实践与思考发生龃龉与矛盾之时，就是他感到无比烦闷和困惑之时；而当两者融会贯通之时，就是他悟道之时。他之所以能摆脱对生死的忧虑，也是基于这个原因。可以说，他最终能领会格物致知的意义，正是他多年来将实践与思考相结合，并最终实现自觉的结果。

如上所述，王阳明终于参透了生死问题，也领悟了格物致知的意义。从他的这段经历中，我们也可以获得一个关于"悟"的宝贵经验。虽说顿悟经常发生在某一刹那，但事实上，它往往要经历一个长期的准备过程。王阳明一直对格物致知的意义困惑不已，因此，他结合自己的亲身经历，思考了很长时间。此前，由于实践与思考一直没有合二为一，他无比懊恼和烦闷。他甚至会

在梦中思索，以致疾病缠身。他的刻苦实属不易。最后，他终于幸运地悟道了。可以说，如果没有多年的努力，他绝对不会成功。正是"忽如一夜春风来，千树万树梨花开"。王阳明的成功是多年努力的结果。这告诉我们，不必因没有悟道而焦急，因为焦急也没什么用，也许是我们还不够努力。不必翘首以盼悟道的那一天，只要工夫到了，某个时候，就一定会像古人说的那样，"水到船浮，花谢子结"，自然而然地悟道了。

第 十 七 章

知行合一（中）：本论

　　王阳明在格物含义的基础之上，补充了新的解释。可以说，此时的他对知行合一的道理也有所领悟。经过反复审慎的思考，他有了更彻底的认识。他记录了对知行合一"恍若有悟"之后的心路历程："体验探求，再更寒暑，证诸五经、四子，沛然若决江河而放诸海也。然后叹圣人之道坦如大路。"可见，他对自己的学说深信不疑。从此，三十八岁的王阳明开始向世人传授自己的知行合一学说。

　　后来，王阳明的知行合一学说逐渐趋于精微。我们可以先将其内容概括如下。从本质上而言，王阳明所说的知与行是一个本体的两面，不能割裂思考。知与行同时共存。对此，王阳明曾经有如下解释："食味之美恶待入口而后知，岂有不待入口而已先知食味之美恶者邪？……路岐之险夷必待身亲履历而后知，岂有不待身亲履历而已先知路岐之险夷者邪？"①也就是说，真知与实践是共存的。

　　王阳明还引用了《大学》中的"如恶恶臭，如好好色"来解释自己的学说："见好色属知，好好色属行。只见那好色时已自好了，不是见了后又立个心去好。"②他所说的"行"是广义上的。类似于好恶等内心的情绪也被王阳明视为"行"，"致良知"本身也是"行"。也就是说，王阳明把人一切有意地将意识集中到

---

① 见《传习录》中卷，《答顾东桥书》。——译者注
② 见《传习录》上卷，徐爱录。——译者注

一个观念或事物上的行为都称为"行"。"好好色"在心中产生，饮食、步行等则属于外部行为。总之，知与行是同时发生的。

只说一个知，已自有行在；只说一个行，已自有知在。[①]

知与行，如果缺少一方，知就不是真知，而是妄想；行也不是真行，而是冥行。这就是所谓"行之明觉精察处，便是知；知之真切笃实处，便是行。若行而不能精察明觉，便是冥行，便是'学而不思则罔'，所以必须说个知；知而不能真切笃实，便是妄想，便是'思而不学则殆'，所以必须说个行，原来只是一个工夫"。[②]

王阳明所谓的"知"则是狭义上的。他把"知"与"想"字进行了区别。也就是说，他所说的"知"，就是"真知"之意。要想准确理解王阳明的知行合一学说，就必须明白其中的"行"是广义的，"知"是狭义的。基于上述语义，"知"之时，便产生了"行"；"行"之时，便产生了"知"。王阳明曾指出："真知即所以为行，不行不足谓之知。"以上就是知行合一学说的主要内容。

那么，在王阳明的整个学说理论体系中，知行合一学说处于什么地位呢？可以说，将知行合一作为修身养性的工夫，非常有

---

① 见《传习录》上卷，徐爱录。——译者注
② 见《答友人问（丙戌）》。——译者注

效，并且灵活。知与行在实际生活中是齐头并进、共同发展的，而不是先知而后行。因此，要修道，就必须在实际生活中同时磨炼自己的知与行。也就是说，"事上磨炼"才是修身养性的真正工夫，所谓"如言学孝，则必服劳奉养，躬行孝道，然后谓之学，岂徒悬空口耳讲说，而遂可以谓之学孝乎？学射则必张弓挟矢，引满中的"①。然而，一些流于世俗、随波逐流的为学者，以为一定要先知后行，因此，往往先阅读经书，试图从文字中获取知识，然后再实践。但如果这样做，不管到什么时候，都不会获得真知，也不会有真正的实践。

读书原本是修身养性的重要方法之一。不过，真知并不在书本之中，而是隐藏在我们的心中。书籍只是阐明真知的媒介，只能指导人们如何进行事上磨炼。能够记住书中的文字，并不意味着真正的学有所获。

一个弟子曾经问王阳明，读了书却不记得书中的内容应该如何。王阳明回答："读书只要晓得，如何要记得？要晓得已是落第二义了，只要明得自家本体。若徒要记得，便不晓得；若徒要晓得，便明不得自家的本体。"②

心即理。理是事物的道理，但理不是我们的心外之物。如果我们不从自己的内心去寻求真知，只是从事物本身入手，也无法

---

① 见《传习录》中卷，《答顾东桥书》。——译者注
② 见《传习录》下卷，黄省增录。——译者注

获得体悟。更何况，只是一味依靠文字，原本就无法悟道。虽说要从内心求道，但并不是说只依靠自己的空想来求道。只有在事上磨炼，才会获得清晰的真知。事上磨炼才是真正的修身养性。王阳明特别强调事上磨炼是修身养性的重要途径。因此，他的学说才会如此充满活力，并且具有较强的实践性。他本人也正是通过此途径来实现悟道的。因此，他反复劝说弟子要修炼事上磨炼的工夫。

弟子陆澄（字原静）收到孩子病危的家书后，整日忧虑不已。王阳明便跟他说："此时正宜用功，若此时放过，闲时讲学何用！人正要在此等时磨炼。"

王阳明曾在给邹守益[①]的一封书信中写道："比遭家多难，工夫极费力，因见得'良知'两字比旧愈加亲切。真所谓大本达道，舍此更无学问可讲矣。"可见，王阳明非常重视事上磨炼，并将其视为修身养性的主要工夫。

被王阳明视为修身养性的另一种重要工夫就是静坐，这也是他多年实践过的工夫。他曾经跟弟子说："日间工夫，觉纷扰则静坐。"王阳明所说的静坐工夫并不是禅宗提倡的那种枯坐，也不是虚空的沉思默想。

---

① 邹守益（1491—1562），字谦之，号东廓。著名理学家和教育家。著有《东廓文集》《遗稿》《诗集》《学脉遗集》《道南三书》《青原嘉会语》《易释义》《古本大学后语》《论俗礼要》等。他把王阳明的"致良知"学说作为道德教育的根本，并对"致良知"学说进行充分的阐释。——译者注

　　人的修养不够，在碰到事情时，就会受各种私欲杂念的影响，分不清道理究竟在何方，自己的本心又在何处。这样，人就会被外物奴役。而通过静坐，可以省察和自觉未曾经历过的事，收敛和整理自己的心绪，从而做好应对各类事情的准备。

　　王阳明曾经指出静坐的目的："所云静坐事，非欲坐禅入定也。盖因吾辈平日为事物纷拿，未知为己，欲以此补小学收放心一段工夫耳①。"

　　不过，如果将事与心割裂开来，便不能真正地修身养性。通过静坐固然可以让心保持中正，但一旦在现实中碰到什么事，又会心绪不宁。因此，我们应该以"静亦定，动亦定"②为要义。

　　不过，要使心之本体在实践中保持中正，仍然需要事上磨炼。

　　弟子陆澄曾经问王阳明："静时亦觉意思好，才遇事便不同，如何？"王阳明说："是徒知静养而不用克己工夫也。如此，临事便要倾倒。人须在事上磨，方立得住，方能静亦定，动亦定。"③

　　王阳明还指出："定者，心之本体，天理也。动静，所遇之时也。"④也就是说，"动""静"只是人所处的境遇，而所谓"定"，是指心之本体保持中正，即本体顺应天理。因此，探讨"动"或"静"并没有什么意义，探讨"定"才有意义。无论动时还是静时，

---

① 朱熹认为小学工夫的侧重点是道德方面之"收其放心，养其德性"。——译者注

② 程颢语。——译者注

③ 见《传习录》上卷，陆澄录。——译者注

④ 见《传习录》上卷，陆澄录。——译者注

我们都需要让心之本体一直保持稳定的状态。因此，事上磨炼是保持心定的主要工夫，而静坐只是起到辅助作用的次要工夫。

然而，王阳明的有些弟子却开始采取禅宗的静坐方法，去悬空思考。王阳明便告诫他们：悬空思考"正如烧锅煮饭，锅内不曾渍水下米，而乃专去添柴放火"。他还补充道："区区'格致诚正'之说，是就学者本心日用事为间，体究践履，实地用功，是多少次第，多少积累在，正与空虚顿悟之说相反。"[1] 如上所述，王阳明提醒弟子们，不能把思考与实践割裂开来。

通过上述事例，我们可以得知王门学风极具实践性。可以说，王阳明的学说更有助于培养具有实践能力的人才，而不是培养一味空谈的学者。由此可见，知行合一学说就是王门学风的根基。

有人在论述王阳明的学说时，认为他把事上磨炼和静坐视为同等的工夫。不过，在研究了王阳明的相关论述后，我认为他更重视事上磨炼的工夫。另外，还有人对静坐本身有误解，以为静坐只是虚无寂灭的行为。我希望读者不要误解。实际上，王阳明所说的静坐更具有活力。可惜的是，甚至王阳明的高徒也曾对此产生过误解。

弟子陈九川[2] 曾问王阳明："近年来，因为厌恶泛滥之学，每当我想要静坐，希望屏息意念思考时，非但做不到，反倒更觉得烦扰。这是为什么呢？"

---

[1] 见《传习录》中卷，《答顾东桥书》。——译者注

[2] 陈九川（1494—1562），字惟濬，又字惟浚，号竹亭，后号明水。——译者注

王阳明说："意念怎么可能止息？只是需要让意念保持中正就行了。"可见，王阳明所说的静坐绝不是枯坐。

陈九川又问："用工夫收心后，有声色在前，我仍然可以听见、可以看见。这是不是因为我不够专心？"

王阳明说："你为什么想听不见、看不见呢？只有槁木死灰一般的人，或者耳聋眼瞎的人才会听不见、看不见。你虽然听见了、看见了，但不要放在心上就是了。"

陈九川又问："从前有个人在家中静坐，和儿子隔着一扇窗户，居然不知道儿子读书时到底是在用功还是在偷懒。程颐先生称赞这个人能'持敬'，您怎么看这件事呢？"

王阳明回答说："程颐先生应该是在说反话讥讽他。"

从王阳明与弟子陈九川的对话中，可以得知王阳明提倡的静坐是一种具有活力的修身养性的方式。

曾经，有个地方官对王阳明说，自己整日忙于簿书讼狱的工作，而没有时间做学问。王阳明提醒他，要在自己的工作中去做实实在在的学问。他对这个地方官说："我从来没有叫你离开簿书讼狱的工作去做一些空洞的学问。身居官职的人就应该在履行职责的过程中做学问，这样才是真正的格物。"他还强调："修己治人，本无二道。政事虽剧，亦皆学问之地。"他也时常告诫弟子："学必操事而后实。"

通过以上事例，我们可以得知王阳明是如何看待作为修身养性工夫的事上磨炼和静坐的。

第 十 八 章

知行合一 (下)：评论

　　知行合一学说是阳明心学的构建起点。王阳明此后提出的其他学说均以此为基础。因此，王门学风简单直接，具有很强的实践性。另外，有的弟子会陷入某种弊端，虽说是弟子本人的错误而致，但其实与知行合一学说也不无关系。在这里，我也将尝试研究一下。

　　要评价王阳明的理论学说，首先要明确其立言的宗旨。他立言的宗旨包括两个方面：一是想纠正当时一味高谈阔论而忽视实践的不良风气，二是想强调自己的学说是真理。

　　在回复高徒徐爱的问题时，王阳明曾经强调："今人却就将知行分作两件事去做，以为必先知了，然后能行。我如今且去讲习讨论做知的工夫，待知得真了，方去做行的工夫。故遂终身不行，亦遂终身不知。此不是小病痛，其来已非一日矣。某今说个知行合一，正是对病的药，又不是某凿空杜撰。知行本体原是如此。今若知得宗旨时，即说两个亦不妨，亦只是一个；若不会宗旨，便说一个，亦济得甚事？只是说闲话。"①

　　王阳明认为，不知立言的宗旨只是空谈。这个观点真是发人深省。他揭示了知行的本体，希望弟子们时刻都要扎扎实实地磨炼自己的修养。

　　王阳明还指出，"此须识我立言宗旨，今人学问，只因知、行分作两件，故有一念发动，虽是不善，然却未曾行，便不去禁止。

----

① 见《传习录》上卷，徐爱录。——译者注

我今说个知行合一，正要人晓得一念发动处，便即是行了。发动处有不善，就将这不善的念克倒了，须要彻根彻底不使那一念不善潜伏在胸中。此是我立言宗旨"①。这句话指出，一念发动之处就是一体的知与行。一般认为，这是他的知行合一学说达到圆熟后的言论。正如黄宗羲②所言，"此知行合一之说，真是丝丝见血"。可见王阳明立言宗旨中的真切之处。因此，为学者学习王阳明的学说，不要仅在口头笔端上解释知行的意义，也不要只是运用片面的理论评论学说，一定要深刻地思考。

如上所述，王阳明阐明了自己立言的宗旨。他还用贴切的语言告诫人们，要不断做好笃实的修身养性的工夫。偏向空谈理论而少做实际工夫的情况，不仅出现在王阳明所处的那个时代，甚至可以说是古今学者的通病。这也是王阳明知行合一学说能在历史的长河中一直焕发勃勃生机的原因。关于他的学说，我们必须时时体会与实践。

接下来，我将尝试论述一下，知行合一学说如何成为真理。首先，我们必须明确"知""行"二字的语义。一般而言，广义的"知"字包括记忆、想象、思考等一切观念。不过，王阳明提出了狭义的"知"。他将"知"与"想"加以区别，将"知"的语义限定为"明白、精察、确定、真实的心之本体的体悟"，任

① 见《传习录》下卷，黄直录。——译者注

② 黄宗羲（1610—1695），浙江余姚人，字太冲，一字德冰，号南雷，别称"梨洲先生"。——译者注

何妄想、空想、虚念等都不是他所说的"知"。因此，很明显，没有必要再去讨论普通意义层面上的知行合一。如果依照王阳明指定的语义，同时结合他的解释来看，毋庸置疑，知行合一学说是十分严谨的。

　　如前所述，王阳明教导弟子要将知行合一学说运用于修身养性的过程中，这使王门弟子在做学问时都非常注重实践。在这里，我们还需要思考：知行合一就是修身养性的全部工夫吗？王阳明主张做学问要以知行合一学说为基础，也就是说，在实践中要明明白白地省察内心，这样获得的"知"才是真正的"知"，"行"才是真正的"行"。不过，在现实生活中，不是每个人都会有丰富的经历。尤其是年轻人，经历的事情少，时常需要在人生中尝试新的方向或新的路径。因此，年轻人必须在实践之前选择好自己的行事方式。虽说王阳明强调在实践中才能获得真知，但这并不意味着人就可以任意妄为。

　　按照王阳明的学说，即使事先没有充分了解每件事，只要让心之本体保持中正，处事之时也就能保持中正。不过，只有当自身工夫修炼成熟后，才会出现上述情况。因此，我们必须首先学习古时的先贤或明哲之人留下的经验和教训，使其变成自己的方法，正如我们去陌生的地方旅行，必须参考前人留下的路线一样。有时候，与凭借自己浅薄的经验和知识选择的道路相比，选择前人经过多年摸索寻得的道路更加稳妥和准确。另外，有时候，对别人经历过并且断定有害、危险的事，我们只能去相信，而不能

亲自去体验。比如，有人说某物是毒药，按道理说，只有自己服用后才能确定对方的话是否属实，但我们不能轻易去尝试。

一个人如果只是通过个人的经验来增长自己的智慧，那么实际上就与动物别无两样。人类的文明历史之所以能不断向前发展，正是因为人能够基于前人的经验和思考不断创新。因此，如果自己没有经历过，就必须从他处获得知识，即便这种知识不是王阳明所说的"真知"。可以通过向老师请教，或阅读古人的著述来获取知识。

不过，这样可能会产生一种弊端。为学者也许只会盲目地学习，而不去真正地理解和领悟。更有甚者，以为做学问就是机械性地记诵语言文字。我们需要明确的是，语言文字本身绝对不是事实，也不是真理。语言文字只是用来记录事实与真理的媒介，就相当于捕鱼的竹器、捉兔的网而已。一个人无论怎么博学多识，怎么熟读四书五经，如果不能学以致用，都毫无意义。这就好比拿着捕鱼的竹器，却不用它来捕鱼；拿着捉兔的网，却不用它来捉兔子。另外，如果秉持着一味记诵经典的观念，即使能用精心雕琢的语言解释事物的道理，也并不意味着领悟了真理，不过是徒劳地消耗精力，误了自身罢了。因此，为学者不要仅机械性地记诵，还要自己领会其中的道理，使其变成实用的知识。领会的方法是，将通过经验得来的实际知识作为基本材料，对此加以考察和类推。对古人认定的善行，则要去实践，并将其转化为实际知识。

王阳明大力提倡知行合一学说时，正是天下学者忙于记诵经

典、空谈阔论的年代。他的学说可谓一味针砭时弊的良药。

不过，如果一个人既不相信社会，又不相信别人，毫无根据地单凭自己浅显的经验或者一些不成体系的、零散的知识来行事，所谓的"事上磨炼"无疑会导致另一弊端。因此，王阳明的知行合一的学说并不是修身养性的全部工夫，而是最基本的工夫。王阳明原本也是如此考虑的。按照他的主张，首先应该将先贤的一些经典视为至道；对这些经典，不仅要记诵，更需要立即付诸实践；在不断磨炼心性的过程中，使这些经典成为真知。

王阳明提出，要验证前人的思考、考证古人的言语，这是修身养性的工夫。以下是他的相关论述：

> 夫所谓正诸先觉者，既以其人为先觉而师之矣，则当专心致志，惟先觉之为听。言有不合，不得弃置，必从而思之；思之不得，又从而辨之，务求了释，不敢辄生疑惑。故《记》曰："师严，然后道尊；道尊，然后民知敬学。"苟无尊崇笃信之心，则必有轻忽慢易之意。言之而听之不审，犹不听也；听之而思之不慎，犹不思也；是则虽曰师之，犹不师也。

> 夫所谓考诸古训者，圣贤垂训，莫非教人去人欲而存天理之方，若五经、四书是已。吾惟欲去吾之人欲，存吾之天理，而不得其方，是以求之于此，则其展卷之际，真如饥者之于食，求饱而已；病者之于药，求愈而已；

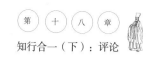

暗者之于灯，求照而已；跛者之于杖，求行而已。曾有徒事记诵讲说，以资口耳之弊哉！ ①

如果能注意验证前人的思考、考证古人的言语，并将先贤的一些经典付诸实践，再加上事上磨炼的工夫，一定能使自己的修身养性达到圆满境界。

然而，王阳明的弟子中产生了一种不好的风气。王阳明曾指出："吾年来欲惩末俗之卑污，引接学者多就高明一路，以救时弊。今见学者渐有流入空虚，为脱落新奇之论，吾已悔之矣。" ②王阳明的学风本来具有实践性，他的一些弟子却"流入空虚"。这看似有些不可思议，其实并非无因。因为王阳明倡导的知行合一、心即理、道从己求等主张，以及静坐的工夫，可能会导致一种弊端，即有的为学者会仅依靠自己片面的思想，一味从心中求道，而不从别处广泛地学习。不过，这可以说是当时的为学者自身的错误。作为今天的为学者，如果能理解王阳明的学说旨在针砭时弊，同时能明白其学说实质上是一种重要而基本的修身工夫，就完全不用担心它会带来弊端。作为修身工夫，王阳明的学说非但不会带来弊端，反倒是最切实、最有效的。

后来，阳明学派的一位大家——刘宗周③提出了"真知"与"尝

---

① 见《示弟立志说》。——译者注

② 见《王阳明年谱》。——译者注

③ 刘宗周（1578—1645），字起东，别号念台，别称"蕺山先生"。——译者注

知"的区别。所谓"尝"是"尝试"的"尝","尝知"即"假定的知"。刘宗周指出,为学者要先获得"尝知",然后再将其转化为"真知"。这种主张看似完美地对修身工夫进行了排序,但其实也并未涵盖所有的修身工夫。我们不能认为古代圣贤的所有经典都是完美无缺的。在这些先贤的经典之中,既有需要加以修正的,也有需要在原有基础上加以补充的。而要对先贤的经典加以修正或补充,一定要基于实践与观察,再结合自己的思考才能实现。因此,我们的修身养性应该不限于刘宗周所说的将"尝知"化为"真知"的过程。

第 十 九 章

知行合一与心即理

　　王阳明的格物致知学说和知行合一学说的哲学基础都是"心即理"学说。按照他的学说，"理"不能与"心"脱离，所谓事物之"理"就是"心"，这就是"理心合一"说。他曾经指出："心即理，天下无心外之事，无心外之理。"

　　只要对比王阳明与朱熹的相关论述，就会明确两者不同的主张。

　　阳明曰："心外无理，心外无事。"

　　朱子曰："人心之灵，莫不有知，而天下之物，莫不有理。"

　　阳明曰："虚灵不昧，众理具，万事出。"

　　朱子曰："虚灵不昧，以具众理，以出万事。"

　　如上所述，王阳明将心与事物视为一体。在他看来，人不能脱离事物，凭空去思考所谓的心，也不能脱离心去思考所谓的事物。

　　王阳明说过："夫物理不外于吾心，外吾心而求物理，无物理矣。遗物理而求吾心，吾心又何物邪？"[1]同时，他指出："至善是心之本体，只是'明明德'到'至精至一'处便是，然亦未尝离却事物。"[2]如上所述，因为心与事理本是一体，所以才有事上磨炼、知行合一之说。

　　王阳明说："无心则无身，无身则无心。但指其充塞处言之谓之身，指其主宰处言之谓之心，指心之发动处谓之意，指意之

---

① 见《传习录》中卷，《答顾东桥书》。——译者注

② 见《传习录》上卷，徐爱录。——译者注

灵明处谓之知，指意之涉着处谓之物，只是一件。意未有悬空的，必着事物。故欲诚意，则随意所在某事而格之，去其人欲而归于天理，则良知之在此事者，无蔽而得致矣。"[1]

王阳明认为，无论精神与身体，还是心与事，都是从不同方面来看同一个实体的。如果思考时，将心与事理割裂开来，便是他所说的"夫外心以求物理，是以有暗而不达之处"[2]。

"外心以求理，此知行之所以二也。求理于吾心，此圣门知行合一之教。"[3] 任何圣人都无法预先知道诸多的事情变化，因此，无论碰到什么事，只要尽力正确发挥心之本体的作用就行了，"人之一心，得其正，则事事皆得其正"。

弟子陆澄曾经问王阳明："圣人应变不穷，莫亦是预先讲求否？"

王阳明回答："如何讲求得许多？圣人之心如明镜，只是一个明，则随感而应，无物不照，未有已往之形尚在，未照之形先具者。若后世所讲，却是如此，是以与圣人之学大背。周公制礼作乐以文天下，皆圣人所能为，尧、舜何不尽为之而待于周公？孔子删述六经以诏万世，亦圣人所能为，周公何不先为之而有待于孔子？是知圣人遇此时，方有此事。只怕镜不明，不怕物来不能照。讲求事变，亦是照时事，然学者却须先有个明的工夫。学

---

① 见《传习录》下卷，陈九川录。——译者注

② 见《传习录》中卷，《答顾东桥书》。——译者注

③ 见《传习录》中卷，《答顾东桥书》。——译者注

者惟患此心之未能明，不患事变之不能尽。"①

王阳明接着说："圣人无所不知，只是知个天理；无所不能，只是能个天理。圣人本体明白，故事事知个天理所在，便去尽个天理。不是本体明后，却于天下事物都便知得，便做得来也。天下事物，如名物②度数③、草木鸟兽之类，不胜其烦，圣人须是本体明了，亦何缘能尽知得？但不必知的，圣人自不消求知；其所当知的，圣人自能问人，如'子入太庙，每事问'之类。先儒谓'虽知亦问，敬谨之至'，此说不可通。圣人于礼乐名物不必尽知，然他知得一个天理，便自有许多节文④度数出来。不知能问，亦即是天理节文所在。"⑤这也是王阳明的学说简明扼要的原因。

王阳明曾经阐述心即理的主旨，大意如下："世间有的人做的事情符合理，但心并不纯粹，将理与心分为二物。这样他向心外求理，而不问心如何，就会流于伪善。因此，我主张心即理，就是想纠偏从心外求义的人。"王阳明希望人们从自己心中求道，依从本心行事，也就是希望人们能够达到至诚。可见他的学说特别深切笃实。⑥

---

① 见《传习录》上卷，陆澄录。——译者注

② 即事物及其名称。——译者注

③ 即标准、规则。——译者注

④ 即礼节、仪式。——译者注

⑤ 见《传习录》下卷，黄直录。——译者注

⑥ 因为王阳明的学说关注人的内心，所以世人又将其学说称为"心学"或"阳明心宗"。——原注

即使有人主张心与理为二物，实质仍然是指同一事物的两面，它们最后还是自然地合二为一。因此，没有必要从哲学的角度论辩心与理。关于这一点，我认为王阳明已经解释得非常清晰了。

现在，有人基于西方哲学的一些分类方法，认为王阳明的学说不是经验主义，而是其对立面，即直觉主义。这种说法恐怕是误解了王阳明的本意。王阳明强调事上磨炼。他认为，人如果脱离了事物，就无法实现修身养性。从这一点来看，可以说其学说是极致的经验主义。不过，他也主张"心自然会知……不假外求"。可见，他的学说又是极致的直觉主义。王阳明强调不能将心和事割裂开来。因此，他的学说实际上是经验主义和直觉主义的统一体。在我看来，这正是王阳明心学的绝妙之处。

一般认为，王阳明的心即理学说和事上磨炼学说，其思想来源是宋儒陆九渊①主张的"此心此理实不容有二"和"在人情事变上在做工夫"。而从王阳明的悟道历程来看，尚不明确他是从何时，又在多大程度上受到了陆九渊思想的影响。据说，王阳明在三十三四岁回归儒学并开始研习程朱理学时，还没有受到陆九渊的影响。不过，他应该也研习了陆九渊的学说。三十四岁时，王阳明提出"大道即人心"，三十六岁时提出的"此心还此理"，这些观点都与陆九渊的思想一脉相承。另外，在贵州龙场时，席

---

① 陆九渊（1139—1193），号象山，字子静。——译者注

书[①]还曾经向王阳明请教朱陆学说的异同。由此可见，在此之前，王阳明已经对朱熹与陆九渊的学说进行了比较研究。

---

① 席书（1461—1527），字文同，号元山。——译者注

第二十章

天理（上）：存天理—去人欲—圣人

知行合一学说是王阳明的一大顿悟，更体现了其扎实的修身养性的工夫。通过这种工夫而获得的"知"，从本质上而言，究竟是何物呢？这其实也是道德理论中的最大问题。

王阳明首先主张"天理"是最高的道德，他认为让天理得以显现的工夫就是"存天理去人欲"。此前，王阳明讲解格物致知、知行合一、心即理等学说时，为了让弟子们能从心中求道，他开始传授静坐的工夫，但弟子们开始变得不务实际、喜欢高谈阔论。为了纠正这种不正风气，王阳明告诫弟子们要"存天理去人欲"，做好省察克治的实践工夫。

在教育弟子时，他不单单告诫弟子们要"知"，更是明确地指出"知"的具体内容是"天理"，提醒弟子们要注重实践。这是他在讲学中的一大进步。由此可见，他自身的悟道也更进了一步。

王阳明原本就认为，人生的主旨就是实现人与天（即宇宙）的统一。无论是在研习佛老之学时，还是回归儒学后，他始终抱有一种略带诗意又充满激情的想法：与宇宙融为一体。这是一种诗意的想象，源自对大自然的敬畏之情。他想要摆脱俗世，羽化成仙，在浩瀚的宇宙中自在遨游。

回归儒学后的王阳明，主要通过研习《周易》来探索人生与自然的根本意义。易学也可以说是他祖辈传下来的家学。《周易》主张用宇宙来观照整个道德体系，认为人要遵循宇宙的法则。王阳明一心研习易学，想要探求天地万物盈虚消长的易理，并且磨

炼出能够超脱生死祸福、贵贱穷达的工夫。三十六岁时，王阳明提出"君子穷达，一听于天"的观点。他还指出："每日闲坐时，众方嚣然，我独渊默；中心融融，自有真乐，盖出乎尘垢之外而与造物者游。"[①] 可以说，上述观点都是王阳明研习易理的成果。

不过，他最初的超脱工夫还带有许多诗意。从钱塘江脱难后，他泛舟于海上，曾经吟诗一首：

> 险夷原不滞胸中，何异浮云过太空？
> 夜静海涛三万里，月明飞锡下天风。

这首诗可谓对"天人合一"的极致的诗意表达。但这种天人合一只是一时产生的感性认识，看似具有永恒的含义，实则会逐渐消失，并不是恒久不变的。理性的真知才是永恒不变的。因此，要想实现天人合一，仅有感性认识是不够的，还需要思想上的体悟。

接下来，笔者想探讨一下王阳明如何领悟天理。几乎是在龙场悟道的同时，王阳明领悟了什么是天理。通过研习以《周易》为主的儒家经典，再结合自己的思考，王阳明逐渐有所领悟。随着思想日趋精微，他最终提出了自己的学说。

接下来，笔者将系统地叙述王阳明关于天理的一些观点。所

---

① 见《示徐日仁应试》。——译者注

谓天理，就是宇宙自然的原理。"心即理"中的"理"说的就是天理。

王阳明曾说："心即理也，此心无私欲之蔽，即是天理。"①也就是说，人应该与天地同为一体。

> 人心与天地乃一体。故上下与天地同流。②

因此，支配宇宙的原理就是支配人的原理。"性"就是体现在人身上的天理。

> 心体即性。性即理。
> 性是心之体。天是性之原。③
> 心之本体即是天理。天理只是一个。④
> 性一而已，自其形体也谓之天，主宰也谓之帝，流行也谓之命，赋于人也谓之性，主于身也谓之心。心之发也，遇父便谓之孝，遇君便谓之忠，自此以往，名至于无穷，只一性而已。犹人一而已，对父谓之子，对子

① 见《传习录》上卷，徐爱录。——译者注
② 见《传习录》下卷，黄省曾录。——译者注
③ 见《传习录》上卷，徐爱录。——译者注
④ 见《传习录》中卷，《答周道通书》。——译者注

谓之父，自此以往，至于无穷，只一人而已。①

说到底，心、性、天都是一物，只是从不同角度命名而已。忠、孝、仁、义也只是天理成为人性在不同情境中的体现而已。因此，天理就是最高的道德，即"至善"。

至善只是此心纯乎天理之极便是。②

所谓"明德"也是天理。

天理即是明德。③

同样的，所谓的"中"也是天理。

中只是天理。④

曰："天理何以谓之中？"曰："无所偏倚。"曰："无所偏倚是何等气象？"曰："如明镜然，全体莹彻，

① 见《传习录》上卷，陆澄录。——译者注
② 见《传习录》上卷，徐爱录。——译者注
③ 见《传习录》上卷，徐爱录。——译者注
④ 见《传习录》上卷，陆澄录。——译者注

略无纤尘染着。"①

王阳明所说的"知",无疑也是对天理的自觉。

知是理之灵处。②

王阳明所谓的"格物致知",无非也是主张人对天理的自觉
和天理的流露。

须用致知格物之功,胜私复理。即心之良知更无障碍,
得以充塞流行,便是致其知。知致则意诚。③

以上内容体现了王阳明将天理视为道德之本源的主张。概而
言之,其实就是《中庸》第一章"天命之谓性,率性之谓道,修
道之谓教"的意思。人人生来就以天理为本性,但有时会受到私
欲的蒙蔽或妨碍,便不能顺应天理行事,这样就会变成不善。因
此,存天理去人欲就是修身养性的最高工夫。

只要去人欲存天理,方是工夫。静时念念去人欲,

---

① 见《传习录》上卷,陆澄录。——译者注
② 见《传习录》上卷,陆澄录。——译者注
③ 见《传习录》上卷,徐爱录。——译者注

存天理；动时念念去人欲，存天理。①

无论动时还是静时，只管存天理去人欲，这就是一切工夫。将存天理去人欲的工夫做到极致，就会实现"纯乎天理，而无人欲之杂"，这样便可称为"至善"。具备"至善"人格的人便可称为圣人。

基于上述观点，王阳明又提出了人人皆可成为圣人的"至论"。"至论"的大意如下所述。

"圣人之所以为圣，只是其心纯乎天理而无人欲之杂。犹精金之所以为精，但以其成色足而无铜铅之杂也。人到纯乎天理方是圣，金到足色方是精。然圣人之才力，亦有大小不同，犹金之分两有轻重。尧、舜犹万镒，文王、孔子犹九千镒，禹、汤、武王犹七八千镒，伯夷、伊尹犹四五千镒。才力不同而纯乎天理则同，皆可谓之圣人。犹分两虽不同而足色则同，皆可谓之精金……故虽凡人而肯为学，使此心纯乎天理，则亦可为圣人。犹一两之金，此之万镒。分两虽悬绝，而其到足色处，可以无愧。故曰'人皆可以为尧、舜'者以此。学者学圣人，不过是去人欲而存天理耳……"②"人人皆可成为圣人"这种奇论让世人非常震惊，但这确实是至理。

①　见《传习录》上卷，陆澄录。——译者注
②　见《传习录》上卷，薛侃录。——译者注

后来，一个弟子问王阳明："先生用精金来比喻圣人，用分量来比喻圣人的力量，用锻炼来比喻为学者的工夫，这些比喻都非常贴切。不过我有点疑问，将尧、舜比作万镒，将孔子比作九千镒，这样是否妥当？"

王阳明回答："此又是躯壳上起念，故替圣人争分两。若不从躯壳上起念，即知尧、舜万镒不为多，孔子九千镒不为少。尧、舜万镒，只是孔子的；孔子九千镒，只是尧、舜的，原无彼我。所以谓之圣。只论'精一'，不论多寡。只要此心纯乎天理处同，便同谓之圣。若是力量气魄，如何尽同得？后儒只在分两上较量，所以流入功利。若除去了此较分两的心，各人尽着自己力量精神，只在此心纯天理上用功，即人人自有，个个圆成，便能大以成大，小以成小，不假外慕，无不具足。此便是实实落落明善诚身的事。后儒不明圣学，不知就自己心地良知良能上体认扩充，却去求知其所不知，求能其所不能，一味只是希高慕大，不知自己是桀、纣心地，动辄要做尧、舜事业，如何做得？终年碌碌，至于老死，竟不知成就了个甚么。可哀也已。"[1]

从道德教化方面而言，王阳明的圣人论极具革新意义，其内容深切直白，对我们而言，无疑是永久的福音。人人皆圣人，不必仰慕别人的高大，只要尽到自己的力量便可，只要安于自己的本分便可。不要自暴自弃，任何人只要努力，就可以成为圣人。

---

[1] 见《传习录》上卷，薛侃录。——译者注

安分守己，尽量做到尽善尽美，待到工夫圆满成熟之时，就会获得至高无上的满足。人人都可以自足，没有必要与别人一较高下，也没有必要向外寻求。这就是至高无上的生活。有的人彻底领悟了王阳明的思想后，甚至会异常兴奋。

第二十一章

天理（中）：天理与人欲的区别——省察克治

既然存天理去人欲是至高无上的工夫，那就必须明确天理与人欲之间的区别。这两者的差异特别微妙，如果不加以区分，就不可能理解王阳明学说中最重要的部分。对此，为学者一定要好好思考。

王阳明曾经说："心一也。未杂于人谓之道心，杂以人伪谓之人心。人心之得其正者即道心，道心之失其正者即人心。初非有二心也。"①也就是说，人生来就是一个心，而不是两个心。如果保持了心之本体的中正，就是保留了天理；如果失去了中正，就变成了人欲。

弟子陆澄因小儿病危而终日忧虑。王阳明得知后，便告诫他："父之爱子，自是至情，然天理亦自有个中和处，过即是私意。人于此处多认做天理当忧，则一向忧苦，不知己是'有所忧患，不得其正'。大抵七情所感，多只是过，少不及者。才过便非心之本体，必须调停适中始得。就如父母之丧，人子岂不欲一哭便死，方快于心？然却曰'毁不灭性'。非圣人强制之也，天理本体自有分限，不可过也。人但要识得心体，自然增减分毫不得。"②

王阳明的这番话清晰地阐明了天理与人欲的区别。喜怒哀乐和好恶都是人的本性，不能简单地视为人欲。顺其自然而发的喜怒哀乐和好恶等都是天理，超出了正常程度的喜怒哀乐和好恶

---

① 见《传习录》上卷，徐爱录。——译者注
② 见《传习录》上卷，陆澄录。——译者注

等才是人欲。因此，"至善者，心之本体。本体上才过当些子，便是恶了。不是有一个善，却又有一个恶来相对也。故善恶只是一物"①。

然而，同样是一个心在发挥作用，有的人保全了天理，有的人却丧失了天理，变成了人欲，这又是为什么呢？这其实与是否带了私意有关。

> 喜、怒、哀、乐，本体自是中和的，才自家着些意思，便过不及，便是私。②
>
> 不作好恶，非是全无好恶，却是无知觉的人。谓之不作者，只是好恶一循于理，不去又着一分意思，如此，即是不曾好恶一般。③

天理是不带有主观臆断的，是自然觉察的，也是自然流露的。哪怕是带有一点私意，就会像《大学》中所说的，"人之其所亲爱而辟焉，之其所贱恶而辟焉，之其所畏敬而辟焉，之其所哀矜而辟焉，之其所敖惰而辟焉"。这就是天理与人欲的区别。因此，如果去除了所有私欲，自然就保全了天理。

王阳明曾经有以下论述。

---

① 见《传习录》下卷，黄直录。——译者注

② 见《传习录》上卷，陆澄录。——译者注

③ 见《传习录》上卷，薛侃录。——译者注

去得人欲，便识天理。①

体认天理，只要自心地无私意。②

人心本是天然之理，精精明明，无纤介染着，只是
一无我而已。③

就像镜子一样，如果清除了表面的污垢，就会变得光亮；
去除了一切私意人欲，心便会纯然符合天理。这也是修身的根本
工夫。

如何去人欲存天理呢？主要方法就是格物致知。心即理，不
能将心与理分开。事事都应该在心之察觉之处做好存天理去人欲
的工夫。

要此心纯是天理，须就"理"之发见处用功。如发
见于事亲时，就在事亲上学存此天理；发见于事君时，
就在事君上学存此天理；发见于处富贵、贫贱时，就在
处富贵、贫贱上学存此天理；发见于处患难、夷狄时，
就在处患难、夷狄上学存此天理。至于作止语默，无处
不然，随他发见处，即就那上面学个存天理。④

---

① 见《传习录》上卷，陆澄录。——译者注
② 见《传习录》上卷，薛侃录。——译者注
③ 见《传习录》下卷，钱德洪录。——译者注
④ 见《传习录》上卷，徐爱录。——译者注

　　事事要存天理，人欲是其中的障碍。因此，"省察克治"的工夫特别重要。王阳明曾经论述过每日必做的修身养性的工夫："教人为学，不可执一偏：初学时心猿意马，拴缚不定，其所思虑多是人欲一边，故且教之静坐、息思虑。久之，俟其心意稍定，只悬空静守如槁木死灰，亦无用，须教他省察克治。省察克治之功，则无时而可间，如去盗贼，须有个扫除廓清之意。无事时将好色、好货、好名等私逐一追究，搜寻出来，定要拔去病根，永不复起，方始为快。常如猫之捕鼠，一眼看着，一耳听着，才有一念萌动，即与克去，斩钉截铁，不可姑容，与他方便，不可窝藏，不可放他出路，方是真实用功，方能扫除廓清。"[1]

　　天理和人欲此消彼长，"减得一分人欲，便是复得一分天理"，因此，必须坚持做好克己的工夫。"私欲日生，如地上尘，一日不扫，便又有一层。着实用功，便见道无终穷，愈探愈深，必使精白无一毫不彻方可。"[2]

　　王阳明主张将克己的工夫分为两种：一种是在私欲产生之前的工夫，另外一种则是私欲刚刚产生时的工夫。天理和人欲之间的区别非常微妙，所以王阳明强调，要从根本上用心地去除自私、自利、将迎、意必[3]等病根。

---

[1]　见《传习录》上卷，陆澄录。——译者注

[2]　见《传习录》上卷，陆澄录。——译者注

[3]　"将迎"即逢迎，迎合。"意必"出自《论语·子罕》中的"子绝四：毋意、毋必、毋固、毋我"。"意"，悬空臆测；"必"，绝对肯定。——译者注

弟子陆澄曾经对这个观点有所怀疑。他问王阳明："养生以清心寡欲为要。夫清心寡欲，作圣之功毕矣。然欲寡则心自清，清心非舍弃人事而独居求静之谓也，盖欲使此心纯乎天理而无一毫人欲之私耳。今欲为此之功，而随人欲生而克之，则病根常在，未免灭于东而生于西。若欲刊剥洗荡于众欲未萌之先，则又无所用其力，徒使此心之不清。且欲未萌而搜剔以求去之，是犹引犬上堂而逐之也，愈不可矣。"①

陆澄不愧是王阳明的高徒，他的问题单刀直入地切中了要害。那么，王阳明是如何回答的呢？

王阳明回答道："必欲此心纯乎天理，而无一毫人欲之私，此作圣之功也。必欲此心纯乎天理，而无一毫人欲之私，非防于未萌之先而克于方萌之际不能也。防于未萌之先而克于方萌之际，此正《中庸》'戒慎恐惧'②、《大学》'致知格物'之功。舍此之外，无别功矣。夫谓'灭于东而生于西''引犬上堂而逐之'者，是自私自利、将迎意必之为累，而非克治洗荡之为患也。今日'养生以清心寡欲为要'，只'养生'二字便是自私自利、将迎意必之根。有此病根潜伏于中，宜其有'灭于东而生于西''引

---

① 见《传习录》中卷，《答陆原静书其二》。——译者注

② "戒慎恐惧"本是《中庸》之语。原文为"道也者，不可须臾离也，可离非道也。是故君子戒慎乎其所不睹，恐惧乎其所不闻。莫见乎隐，莫显乎微，故君子慎其独也"。"戒慎恐惧"是慎独的工夫，即时时刻刻小心谨慎、自警自重，防止自己偏离"道"。——译者注

犬上堂而逐之'之患也。"①

想要去除私意就证明心中已经潜藏了私意，所以必须戒慎恐惧。王阳明主张拔本塞源，即要想防患除害，就必须从其根源入手。这便是克己工夫的根本意义。这样一来，陆澄的疑问也就迎刃而解了。

王阳明特别强调省察克治是防止私欲产生的工夫。

一个弟子问他："欲于静坐时，将好名、好色、好货等根，逐一搜寻，扫除廓清，恐是剜肉做疮否？"

王阳明正色道："这是我医人的方子，真是去得人病根。更有大本事人，过了十数年，亦还用得着。你如不用，且放起，不要作坏我的方子！"②

他辞色俱厉。弟子十分惭愧，赶紧向他道歉。由此可见，王阳明将省察克治视为家法，这也是他最重视的工夫。

---

① 见《传习录》中卷，《答陆原静书其二》。——译者注

② 见《传习录》下卷，钱德洪录。——译者注

第 二 十 二 章

天理（下）：立志——天人合一

在给弟子的一封信中，王阳明曾写道："破山中贼易，破心中贼难。"也就是说，口头上说克己很容易，真要实施起来却很困难。关于如何做好克己，王阳明曾经指出，首要的一点就是立志。他解释了立志的意义，"只念念要存天理，即是立志"。他还曾强调："吾辈今日用工夫，只是需要善心真切。如此便可日益灭人欲，明天理。"也就是说，为善之心真切就是立志。

王阳明反复强调立志的重要性。在给弟弟王守文的一封信中，他特别详细、恳切地表达了关于立志的观点。

在这封信中，他首先强调了立志的必要性。"夫学，莫先于立志。志之不立，犹不种其根而徒事培拥灌溉，劳苦无成矣。世之所以因循苟且，随俗习非，而卒归于污下者，凡以志之弗立也。"这段话详细地解释了"志立而学半"的意义。

接着，王阳明引用了程颢说过的一句话，"有求为圣人之志，然后可与共学"，然后指出，如果立志要成为圣人，就一定要明白圣人之所以成为圣人的原因。圣人的特点表现在，其心纯然是天理，没有私欲。因此，他主张，作为普通人，必须努力去除人欲，保存天理。

　　夫立志亦不易矣。孔子，圣人也，犹曰："吾十有五而志与学，三十而立。"立者，志立也。虽至于"不逾矩"，亦志之不逾矩也。志岂可易而视哉！夫志，气之帅也，人之命也，木之根也，水之源也。源不浚则流息，根不植则木枯，命不续则人死，志不立则气昏。是以君子之学，无时无处而不以立志为事。正目而视之，无他见也；倾耳而听之，无他闻也。如猫捕鼠，如鸡覆卵，精神心思凝聚融结，而不复知有其他，然后此志常立，神气精明，义理昭著。一有私欲，即便知觉，自然容住不得矣。

故凡一毫私欲之萌，只责此志不立，即私欲便退；听一毫客气之动，只责此志不立，即客气便消除。或怠心生，责此志即不怠；忽心生，责此志即不忽；燥心生，责此志即不燥；妒心生，责此志即不妒；忿心生，责此志即不忿；贪心生，责此志即不贪；傲心生，责此志即不傲；吝心生，责此志即不吝。盖无一息而非立志责志之时，无一事而非立志责志之地。故责志之功，其于去人欲，有如烈火之燎毛，太阳一出，而魍魉潜消也。[①]

如上所述，人要反思自己的志向，一旦立下了志向，就要脚踏实地努力。只要脚踏实地努力，就一定能领会什么是天理、什么是人欲。没有志向，就没有实际行动。如果只是在口头笔端上解释什么是天理、什么是人欲，就根本做不到存天理去人欲。

弟子陆澄曾经问王阳明："知至然后可以言诚意。今天理人欲，

---

① 见《示弟立志说》。——译者注

知之未尽，如何用得克己工夫？"

王阳明回答："人若真实切己用功不已，则于此心天理之精微日见一日，私欲之细微亦日见一日。若不用克己工夫，终日只是说话而已，天理终不自见，私欲亦终不自见。如人走路一般，走得一段，方认得一段；走到歧路处，有疑便问，问了又走，方渐能到得欲到之处。今人于已知之天理不肯存，已知之人欲不肯去，且只管愁不能尽知，只管闲讲，何益之有？且待克得自己无私可克，方愁不能尽知，亦未迟耳。"①

讲学如果只是关注对知识的理解，而不在实践中求道，哪怕是历经十年乃至一百年，都不会有成果。王阳明曾跟弟子们说："我每天和各位讲的就只是致知格物。今后哪怕过了十年、二十年，我讲的还是格物致知。如果各位能按照我说的，去做些实践的工夫，那么每听完一次课，都会觉得自己有所长进。不然，只是一场闲聊，听了也没什么用。"听了王阳明的一席话，弟子们都幡然悔悟。

立下志向后，还要努力做到省察克治。通过省察克治可以存天理去人欲。存天理到极致，便会使天理纯然，成为圣人。要想成为圣人，一定要踏踏实实地不断修身养性。为学者刚开始修身养性时，往往不知道"天"究竟是什么。王阳明便将天与人的关系分为三个阶段加以解释。

---

① 见《传习录》上卷，陆澄录。——译者注

夫尽心、知性、知天者，生知安行，圣人之事也。存心、养性、事天者，学知利行，贤人之事也。夭寿不贰，修身以俟者，困知勉行，学者之事也……夫心之体，性也；性之原，天也。能尽其心，是能尽其性矣。《中庸》云："惟天下至诚，为能尽其性。"又云："知天地之化育"，"质诸鬼神而无疑"。知天也，此惟圣人而后能然。故曰：此生知安行，圣人之事也。

存其心者，未能尽其心者也，故须加存之之功，必存之既久，不待于存而自无不存，然后可以进而言尽。盖知天之"知"，如知州、知县之知。知州，则一州之事皆己事也；知县，则一县之事皆己事也。是与天为一者也。事天则如子之事父，臣之事君，犹与天为二也。天之所以命于我者，心也，性也，吾但存之而不敢失，养之而不敢害，如"父母全而生之，子全而归之"者也。故曰：此学知利行，贤人之事也。

至于夭寿不贰，则与存其心者又有间矣。存其心者，虽未能尽其心，固已一心于为善。时有不存，则存之而已。今使之夭寿不贰，是犹以夭寿贰其心者也。犹以夭寿贰其心，是其为善之心犹未能一也。存之尚有所未可，而何尽之可云乎？今且使之不以夭寿贰其为善之心。若曰死生夭寿皆有定命，吾但一心于为善，修吾之身以俟天命而已。是其平日尚未知有天命也。事天虽与天为二，

然已真知天命之所在，但惟恭敬奉承之而已耳。若俟之
云者，则尚未能真知天命之所在，犹有所俟者也。故曰
所以立命。立者，创立之立，如立德、立言、立功、立
名之类。凡言立者，皆是昔未尝有而今始建立之谓。孔
子所谓"不知命，无以为君子"者也。故曰此困知勉行，
学者之事也。①

　　根据王阳明的说法，能立下志向，并且知道要省察克治的是
为学者；能够省察克治，然后存天理去人欲的是贤人；存天理到
极致，不带有丝毫私欲，使天理纯然的就是圣人。到了圣人的阶段，
便实现了天人合一，即人与至高无上的天合为一体。到了这个阶
段，人便与浩瀚的宇宙融为一体了，不会再谈什么生死福祸。只
有到了这个阶段的人生才是最高大、最宝贵、最自由自在的人生。

---

① 　见《传习录》中卷，《答顾东桥书》。——译者注

第 二 十 三 章

良知（一）：王阳明学说的
顶点——天理与良知

可以说，只有体会与实践了天理，同时顺应天理行事，才是极致的悟道。王阳明凭一己之力悟出了天理，进而提出了致良知学说。他深信自己的学说"百世以俟，圣人而不惑"。致良知学说既是王阳明心学的精髓，也体现了王阳明悟道的极致①。

此前，王阳明讲授知行合一时，也曾提到致良知。他在讲授存天理去人欲的内容时，使用了"良知"一词。不过，自他五十岁起，便赋予了"良知"一词更加深厚的语义，并将其作为自己的最高主张。这是他龙场悟道以来，历经了十多年的波折与磨难后，不断思考并总结出来的理论精华。正如他自己所说，"良知之说，从百死千难中得来"。可见，王阳明提出致良知学说并非易事。

王阳明最初讲授格物致知、知行合一之时，尚未阐明"知"的具体内容。后来，他指出"知"的对象是天理，并开始向弟子传授"存天理去人欲"的基本工夫。不过，天理究竟是何物？虽然有人问过，但他只是让对方自己去寻求答案，并没有给出特别的解释。因为他虽然自己有所领悟，但还无法简明扼要地进行解释。不过，随着思想日益成熟，他逐渐能阐释天理的具体内涵了。

他时常对友人说："近欲发挥此，只觉有一言发不出，津津然如含诸口。"经过不断思考，他觉得心中所想的内容马上就要脱口而出，却苦于找不到合适的表述方式。后来，他终于想到了"良

---

① "致良知"又被称为阳明心学的"三字宗旨"。——原注

知"二字。

在王阳明年谱中，明武宗正德十六年（1521 年），王阳明五十岁这一年有如下记载："是年先生始揭致良知之教。先生闻前月十日武宗驾入宫，始舒忧念。自经宸濠、忠、泰之变，益信良知真足以忘患难，出生死，所谓考三王，建天地，质鬼神，俟后圣，无弗同者……一日，先生喟然发叹。九川问曰：'先生何叹也？'曰：'此理简易明白若此，乃一经沉埋数百年。'九川曰：'亦为宋儒从知解上入，认识神为性体，故闻见日益，障道日深耳。今先生拈出"良知"二字，此古今人人真面目，更复奚疑？'先生曰：'然！譬之人有冒别姓坟墓为祖墓者，何以为辨？只得开圹，将子孙滴血，真伪无可逃矣。我此"良知"二字，实千古圣贤相传一点滴骨血也。'"由此可知，此时，王阳明深信自己已经完全悟道了。自此，他开始使用"良知""致良知"或省略语"致知"来表达自己的主张。

区区所论"致知"二字，乃是孔门正法眼藏①，于此见得真的，直是建诸天地而不悖，质诸鬼神而无疑，考诸三王而不谬，百世以俟圣人而不惑！知此者，方谓之知道；得此者，方谓之有德。异此而学，即谓之异端；

① "正法眼藏"为佛教用语，禅宗用来指全体佛法（正法），此处借指事物的诀要或精义。——译者注

离此而说，即谓之邪说；迷此而行，即谓之冥行。①

"自孔孟既没，此学失传几千年。赖天之灵，偶复有见。诚千古之一快，百世以俟圣人而不惑者也。"②王阳明反复强调自己"赖天之灵，偶悟出一'良知'"。可见，他对自己的观点深信不疑。

到了晚年，王阳明大力主张致良知学说。他的悟道确实又精进了。不过，正如他自己所说，虽然龙场悟道以来，他实现了悟道之大成，但这并不是说他是在摒弃旧有学说的基础上创立了新的学说。从王阳明的角度而言，致良知学说实际上是他在教育方法上的一大发现。

一个弟子在静坐中有所领悟，但不确定所悟是不是良知，便向王阳明请教。王阳明说："吾昔居滁③时，见诸生多务知解，口耳异同，无益于得，姑教之静坐。一时窥见光景，颇收近效。久之渐有喜静厌动、流入枯槁之病，或务为玄解妙觉，动人听闻。故迩来只说'致良知'。良知明白，随你去静处体悟也好，随你去事上磨炼也好，良知本体原是无动无静的，此便是学问头脑。我这个话头，自滁州到今，亦较过几番，只是'致良知'三字无病。

---

① 见《与杨仕鸣（辛巳）》。——译者注

② 见《书魏师孟卷（乙酉）》。——译者注

③ 即滁州。——译者注

医经折肱①，方能察人病理。余屡屡失败，始知此教人之法。"②
由此可见，王阳明本人也认为致良知学说是自己在教导方法上的
一大进步。

其实从内容上看，王阳明特意提出的"良知"与天理并没有
什么不同。

> 吾心之良知，即所谓天理也。致吾心良知之天理于
> 事事物物，则事事物物皆得其理矣。致吾心之良知者，
> 致知也。事事物物皆得其理者，格物也。是合心与理而
> 为一者也。③

说到底，所谓良知，无非是心中自觉的天理。

> 良知是天理之昭明灵觉处，故良知即是天理。④

良知只是一个天理自然明觉发见之处。

实际上，用"良知"和"天理"这两个不同的名称来称呼实
为一体的事物，是出于不同的角度。从人的角度来说，就是良知；

---

① 比喻久经磨炼而富有经验。——译者注
② 见《传习录》下卷，钱德洪录。——译者注
③ 见《传习录》中卷，《答顾东桥书》。——译者注
④ 见《传习录》中卷，《答欧阳崇一》。——译者注

从天的角度来说，就是天理。虽然名称不同，但实质上就是同一个事物。

> "先天而天弗违"，天即良知也；"后天而奉天时"，良知即天也。①

如上所述，天理即良知。那么，为什么王阳明还要用"致良知"来替代"存天理去人欲"的说法呢？因为虽然天人是一体的，但如果将天理与人欲对照而论，人们往往就会将天和人割裂来看。如果王阳明不用"致良知"的说法，恐怕学识或资历较浅的人会因此产生误解。对天理的自觉就是良知，那么，致良知自然就意味着天人合一。这样一来，"致良知"这个词就可以最简单、最直接地概括一切道德的根本。王阳明将"良知"视为最高的人生目标，而将"致良知"视为修身养性的最高工夫。

王阳明曾经对门下弟子说："吾'良知'二字，自龙场以后，便已不出此意，只是点此二字不出。于学者言，费却多少辞说。今幸见此意。一语之下，洞见本体，真是痛快。"由此可见，无论是自身的悟道，还是对后辈的指导，王阳明深信自己均已达到了最高境界。

按照王阳明的理论，"人欲"和"私欲"的语义相同。不过，

---

① 见《传习录》下卷，钱德洪录。——译者注

自从提出良知学说后，王阳明主要使用了"私欲"或"物欲"一词，以此作为"良知"的对立面。因为"人欲"与"天理"相对，所以说到"良知"时，便不会使用"人欲"这个词；而谈及"天理"时，有时就会使用"私欲"等词作为其对立面。王阳明用良知说替代了天理人欲说，可见"良知"一词本身就带有"天人合一"的意义。

第二十四章

良知（二）：本论

对天理的自觉就是良知。既然明白了天理，也就能理解良知。致良知学说的提出最终使王阳明的理论学说得以完成。而在晚年，他更是极力主张致良知学说。

接下来，笔者将会稍微系统地整理一下王阳明关于"良知"的一些论述。

王阳明所谓的良知就是道德的最高主张，同时是道德的根本动机。良知是对事物作出的是非善恶方面的判断。王阳明强调"知善知恶是为良知""良知本是精精明明的"。也就是说，基于良知的判断是公正严明的，没有丝毫谬误的。

他曾经告诫弟子说："尔那一点良知，是尔自家底准则。尔意念着处，他是便知是，非便知非，更瞒他一些不得。"①

王阳明说的良知是判断事物善恶的最高标准。只要人的良知是光明美好的，无论遇到什么事情，都能作出正确的判断。"夫良知之于节目时变②，犹规矩尺度之于方圆长短也。节目时变之不可预定，犹方圆长短之不可胜穷也。故规矩诚立，则不可欺以方圆，而天下之方圆不可胜用矣；尺度诚陈，则不可欺以长短，而天下之长短不可胜用矣；良知诚致，则不可欺以节目时变，而天下之节目时变不可胜应矣。"③

关于正邪善恶的一切判断都必须基于良知。"若不就自己良

---

① 见《传习录》下卷，陈九川录。——译者注

② 即时世变化。——译者注

③ 见《传习录》中卷，《答顾东桥书》。——译者注

知上真切体认，如以无星之称而权轻重，未开之镜而照妍媸。"[①]

良知是完全圆满的，没有缺陷的，不需要依靠他物的。"良知原是完完全全，是的还他是，非的还他非，是非只依着他，更无有不是处。"

良知可以对善恶作出至高无上的判断。那么，如何发挥良知的这种作用呢？事实上，这种作用是自然地、直接地、不假思索地发挥出来的。

> 良知发用之思，自然明白简易。
>
> 是非之心，不虑而知，不学而能，所谓良知也。

良知是直觉性的，不需要考虑的。更准确地说，良知是自明的，所以不应该考虑。"良知只是一个良知，而善恶自辨，更有何善何恶可思？"[②] 如果还需要考虑，那就证明良知还不够澄澈。直觉是没有产生想要知道的念头，就自然而然地知道了。关于良知的直觉作用，王阳明作了如下解释："无知无不知，本体原是如此。譬如日未尝有心照物，而自无物不照，无照无不照，原是日的本体。"[③] 也就是说，良知会传达直觉意识到的信息。

---

① 即美和丑。——译者注

② 见《传习录》中卷，《答陆原静书其二》。——译者注

③ 见《传习录》下卷，钱德洪录。——译者注

良知常觉、常照。常觉、常照，则如明镜之悬，而物之来者自不能遁其妍媸矣。①

如上所述，良知是直觉性的，是对善恶是非的判断。不仅如此，良知同时是行善的动机与动力。

"心之虚灵明觉，即所谓本然之良知也。其虚灵明觉之良知应感而动者，谓之意。有知而后有意，无知则无意矣。知非意之体乎？"②可见王阳明所说的"知"与"意"并不是两种事物。

"良知虽不滞于喜、怒、忧、惧，而喜、怒、忧、惧亦不外于良知也。"③良知的具体内容包括喜、怒、哀、惧等情绪。人顺其自然流露出来的喜、怒、哀、惧等情绪是天理，也是良知。因此，良知的内容包括符合道德的情绪。对这种符合道德的情绪的自我觉察也是良知。

"良知只是一个天理自然明觉发见处，只是一个真诚恻怛，便是他本体。故致此良知之真诚恻怛以事亲便是孝，致此良知之真诚恻怛以从兄便是悌，致此良知之真诚恻怛以事君便是忠。"④如上所述，王阳明认为良知的本体就是真诚。不过，说到底，天理、良知、真诚其实都是同一个事物。不同的命名仅仅源自不同的视

---

① 见《传习录》中卷，《答欧阳崇一》。——译者注

② 见《传习录》中卷，《答顾东桥书》。——译者注

③ 见《传习录》中卷，《答陆原静书其二》。——译者注

④ 见《传习录》中卷，《答聂文蔚书其二》。——译者注

角而已。

另外，王阳明还将他关注的、符合道德的行为也称为良知。他指出："能戒慎恐惧的是良知。"

王阳明将所谓的"知"分为"知""情""意"三类，语义各有差异。"知"的内容包括"情"，也包括"意"。也就是说，伴随自觉的一切精神作用都可称为"知"。王阳明所谓的良知就是一切符合道德的意识，与"良心""道心"都是同一语义。

"良知只是个是非之心。是非只是个好恶。"① 是非也好，好恶也好，无非就是个道心。

为学者需要注意：如果不理解王阳明所说的"知""情""意"等用语的意义，就无法理解他的思想学说。王阳明所谓的"知""情""意"，都是从不同的视角来命名同一个心的。比如，将火的光明称为"知"，将火的热量称为"情"，将火势称为"意"。他的这种见解也具有很高的心理学方面的价值。

良知是人生来就具有的，是先天的，人人固有的。只要是人就有良知，也就是说，良知具有普遍性。"良知之在人心，无间于贤愚，天下古今之所同也。"②"良知之在人心，则万古如一日。"③世上的盗贼也有良知。"良知在人，随你如何，不能泯灭，虽盗

---

① 见《传习录》下卷，钱德洪录。——译者注

② 见《传习录》中卷，《答聂文蔚书其一》。——译者注

③ 见《寄邹谦之二（丙戌）》。——译者注

贼亦自知不当为盗，唤他作贼，他还忸怩。"①

如上所述，良知具有普遍性，同时具有绝对性。它是完全圆满至高无上之物。没有标准可以用来评判良知，也没有良知之上的事物。

良知只是一个，随他发见流行处，当下具足，更无去来，不须假借。②

良知并不依靠个人的智识发动。

鄙夫自知的是非，便是他本来天则。虽圣人聪明，如何可与增减得一毫？③

（良知）固吾心天然自有之则，而不容有所拟议加损于其间也。有所拟议加损于其间，则是私意小智，而非至善之谓矣。④

所谓良知是"绝对"的，是指严格意义上的"绝对"。也就是说，没有与良知相对的事物。"良知是造化的精灵……真是与物无对。

---

① 见《传习录》下卷，陈九川录。——译者注
② 见《传习录》中卷，《答聂文蔚书其二》。——译者注
③ 见《传习录》下卷，钱德洪录。——译者注
④ 见《亲民堂记》。——译者注

人若复得他完完全全，无少亏欠，自不觉手舞足蹈，不知天地间更有何乐可代！"①

如上所述，良知具有绝对性和普遍性，是人心固有的，是基于直觉发挥作用的。那么，为什么还有人会行不善之事呢？这是因为他们的良知被私欲遮蔽了。

"夫良知即是道。良知之在人心，不但圣贤，虽常人亦无不如此。若无有物欲牵蔽，但循着良知发用流行将去，即无不是道。"②因此，去除私欲，致良知是修养德行的根本要义。

能否致良知，就是圣人与愚人之间的分界线。"良知良能，愚夫愚妇与圣人同。但惟圣人能致其良知，而愚夫愚妇不能致，此圣愚之所由分也。"③

只要努力去致良知，愚夫愚妇也能成为圣人。不管自身处境如何，都能获得至高无上的满足。"人孰无是良知乎？独有不能致之耳。自圣人以至于愚人，自一人之心，以达于四海之远，自千古之前以至于万代之后，无有不同。是良知也者，是所谓'天下之大本'也。致是良知而行，则所谓'天下之达道'也。天地以位，万物以育，将富贵贫贱，患难夷狄，无所入而弗自得也矣。"④

---

① 见《传习录》下卷，钱德洪录。——译者注

② 见《传习录》中卷，《答陆原静书其二》。——译者注

③ 见《传习录》中卷，《答顾东桥书》。——译者注

④ 见《书朱守乾卷（乙酉）》。——译者注

第 二 十 五 章

良知（三）：致良知的工夫（上）

致良知是人生的根本要义。在叙述致良知的工夫之前，首先必须明确良知和私欲的区别。良知与私欲之间的关系，和天理与人欲之间的关系相同。如果明确了这一点，就会知道，从实质上而言，良知与私欲并不矛盾。心原本就是统一的，按照心之本体自然行事，就是良知；而如果坚持私意，就是私欲。

喜、怒、哀、惧、爱、恶、欲，这七情顺其自然地流露，便是良知在发挥作用；但如果执着于七情，那就是欲，是良知被蒙蔽所致。不过，人执着于七情时，良知也会自觉，自觉之后，去除蒙蔽，就能恢复本体。能彻底领悟这一点，才是简易透彻的工夫。

一个弟子问王阳明："声、色、货、利，恐良知亦不能无。"

王阳明回答："固然……能致得良知精精明明，毫发无蔽，则声、色、货、利之交，无非天则流行矣。"[1]王阳明认为，对于声、色、货、利，得其正者便是顺应天理，即顺应良知。

不把良知和私欲视为两类完全不同的事物，这是王阳明心学中浑然圆满的部分，也阐明了真实的人性。有些学说将人性中的良心与私欲截然分开，或将人性中的合理部分与不合理的部分截然分开，认为两者是此消彼长的关系。但如果按照这样的说法，人就永远无法去除人性中固有的恶的部分。这样一来，人永远都是自相矛盾的，不管到什么时候，都无法让道德变得纯粹。其实，人心本来就是唯一的，丧失中正时就是私欲，保持中正时就是良

---

① 见《传习录》下卷，黄以方录。——译者注

心。人心如果保持中正，就是光明美好的，也就是纯粹的善。心如果能一直保持这样的状态，就是至圣。王阳明的教诲之所以能成为一种透彻的学说，并且能描述出一种灵活、宝贵的人生理想，其原因就在于不把良知和私欲视为截然不同的事物。

原本良知就是虚灵明觉之物，不会偏执于一端。良知一发动，就能让事事物物保持中正。良知和《中庸》所谓的"未发之中"①是同一物。"未发之中，即良知也，无前后内外，而浑然一体者也。"②

人人都有良知，而执着于某事，其实就是被物欲牵制。

> 良知即是未发之中，即是廓然大公、寂然不动之本体，人人之所同具者也。但不能不昏蔽于物欲，故须学以去其昏蔽。③

那么，物欲为什么会产生呢？因为人在行事时会受到自身气质、习惯的影响，所以就会产生私意。

> 良知本来自明。气质不美者，渣滓多，障蔽厚，不易

---

① 出自《中庸》第一章："喜怒哀乐之未发，谓之中；发而皆中节，谓之和；中也者，天下之大本也；和也者，天下之达道也。致中和，天地位焉，万物育焉。"——原注

② 见《传习录》中卷，《答陆原静书其二》。——译者注

③ 见《传习录》中卷，《答陆原静书其二》。——译者注

开明；质美者，渣滓原少，无多障蔽，略加致知之功，此良知便自莹彻，些少渣滓，如汤中浮雪，如何能作障蔽。①

如上所述，从气质、习惯来看，人品有别，所以受私欲遮蔽的程度有所不同。不过，无论如何，都必须做好去除私欲、致良知的工夫。因为哪怕只留下极少的物欲，都会使良知受到影响。

"心体上着不得一念留滞，就如眼着不得些子尘沙。些子能得几多？满眼便昏天黑地了。又曰：这一念不但是私念，便好的念头亦着不得些子，如眼中放些金玉屑，眼亦开不得了。"②如上所述，好的念头也不是心之本体自然发动的，如果执着于这种念头，最后也会变成一种私心。王阳明的比喻如此贴切，并且意味深长，如同当头棒喝一般，让人猛然醒悟到一定要用心做好致良知的工夫。

在这里，笔者必须更充分地阐释致良知的意义。如果能完全领会致良知的意义，也就掌握了如何致良知的诀窍。

"致吾心良知之'天理'于事事物物，则事事物物皆得其理矣。致吾心之良知者，致知也。事事物物皆得其理者，格物也。"③所谓"致良知于事事物物"，是指"听从良知的指导，正确地做

---

① 见《传习录》中卷，《答陆原静书其二》。——译者注

② 见《传习录》下卷，黄以方录。——译者注

③ 见《传习录》中卷，《答顾东桥书》。——译者注

各种事情"，并不是"静态地思考和理解"。①

"知如何而为温凊②之节，知如何而为奉养之宜者，所谓'知'也，而未可谓之'致知'。必致其知如何为温凊之节者之知，而实以之温凊，致其知如何为奉养之宜者之知，而实以之奉养，然后谓之'致知'。温凊之事，奉养之事，所谓'物'也，而未可谓之'格物'。必其于温凊之事也，一如其良知之所知当如何为温凊之节者而为之，无一毫之不尽，于奉养之事也，一如其良知之所知当如何为奉养之宜者而为之，无一毫之不尽，然后谓之'格物'。温凊之物格，然后知温凊之良知始致；奉养之物格，然后知奉养之良知始致。"③从知行合一的道理来看，知绝对不能与行脱离，要把知运用到各处，用到极致，这才算是致知。"'所恶于上'是良知，'毋以使下'即是致知。"④（《大学》中《絜矩章》有云："所恶于上，毋以使下；所恶于下，毋以事上。"）

知与行是同步进行的。因此，致良知的工夫就必须以事上磨炼为要义。如果脱离了事实去悬空思考，就不能发挥良知的效果。

良知不由见闻而有，而见闻莫非良知之用。故良知

---

① 有的人会误解此处"致知"中的"知"的意义。我们必须要注意，此处的"知"不仅仅指理性的思维。——原注

② "冬温夏凊"的省略说法，即冬天温被，夏天扇席，表示无微不至地侍奉父母。出自《礼记·曲礼上》。——译者注

③ 见《传习录》中卷，《答顾东桥书》。——译者注

④ 见《传习录》下卷，钱德洪录。——译者注

不滞于见闻，而亦不离于见闻……大抵学问工夫只要主意头脑是当。若主意头脑专以致良知为事，则凡多闻多见，莫非致良知之功。盖日用之间，见闻酬酢，虽千头万绪，莫非良知之发用流行。除却见闻酬酢①，亦无良知可致矣，故只是一事。若曰致其良知而求之见闻，则语意之间未免为二。②

因此，处事接物之时，一定要将致良知视为做学问的根本要义。如果不注意努力戒慎，就会使私意混入，使良知受到蒙蔽，这样就容易陷入不善。毁誉得失等私欲当然会蒙蔽良知，但哪怕是想行善时，一旦执着于这种行善的念头，也会产生私意。

弟子陆澄对王阳明说："心既恒动，则无刻暂停也。"王阳明回复说："是有意于求宁静，是以愈不宁静耳。"他还指出："'欲求宁静''欲念无生'，此正是自私自利、将迎意必之病，是以'念愈生'而'愈不宁静'。良知只是一个良知，而善恶自辨，更有何善何恶可思？良知之体本自宁静，今却又添一个求宁静；本自生生，今却又添一个欲无生。非独圣门致知之功不如此，虽佛氏之学亦未如此将迎意必也。只是一念良知，彻头彻尾，无始无终，即是前念不灭，后念不生。今却欲前念易灭，而后念不

---

① 主客相互敬酒，泛指交际应酬。——译者注
② 见《传习录》中卷，《答欧阳崇一》。——译者注

生，是佛氏所谓'断灭种性'，入于槁木死灰之谓矣。"① 完全不会受到私欲的干扰与动摇，让绝对的良知自然而然地发挥作用，这就是"定"，即"宁静"。这种宁静是良知自然具有的。如果产生了强行寻求宁静的念头，那就是私欲，是良知受到了遮蔽，是心之本体发生了动摇。

孔子有云："不逆诈，不臆不信，抑亦先觉者，是贤乎！"② 王阳明曾经解释过孔子的这句话，同时深刻地阐明了良知的直觉与将迎意必之间的区别。

弟子欧阳德问王阳明："人情机诈百出，御之以不疑，往往为所欺。觉则自入于逆、臆。夫逆诈，即诈也。臆不信，即非信也。为人欺，又非觉也。不逆不臆，而常先觉，其惟良知莹彻乎。然而出入毫忽之间，背觉合诈者多矣。"③

这个问题其实是心法中最微妙、最困难，也是最重要的问题。

王阳明回复："不逆不臆而先觉，此孔子因当时人专以逆诈、臆不信为心，而自陷于诈与不信。又有不逆、不臆者，然不知致良知之功，而往往又为人所欺诈，故有是言。非教人以是存心，而专欲先觉人之诈与不信也。以是存心，即是后世猜忌险薄者之事，而只此一念，已不可与入尧、舜之道矣。不逆、不臆而为人所欺者，尚亦不失为善，但不如能致其良知，而自然先觉者之尤

---

① 见《传习录》中卷，《答陆原静书其二》。——译者注

② 出自《论语·宪问篇》。——译者注

③ 见《传习录》中卷，《答欧阳崇一》。——译者注

为贤耳。崇一谓其惟良知莹彻者，盖已得其旨矣。然亦颖悟所及，恐未实际也。盖良知之在人心，亘万古、塞宇宙而无不同。'不虑而知'，'恒易以知险'①，'不学而能'，'恒简以知阻'②，'先天而天不违，天且不违，而况于人乎？况于鬼神乎？'③夫谓'背觉合诈'者，是虽不逆人，而或未能无自欺也。虽不臆人，而或未能果自信也。是或常有求先觉之心，而未能常自觉也。常有求先觉之心，即已流于逆、臆，而足以自蔽其良知矣。此'背觉合诈'之所以未免也。君子学以为己，未尝虞人之欺己也，恒不自欺其良知而已；未尝虞人之不信己也，恒自信其良知而已；未尝求先觉人之诈与不信也，恒务自觉其良知而已。是故不欺则良知无所伪而诚，诚则明矣；自信则良知无所惑而明，明则诚矣。明、诚相生，是故良知常觉、常照。常觉、常照则如明镜之悬，而物之来者自不能遁其妍媸矣。何者？不欺而诚，则无所容其欺，苟有欺焉而觉矣。自信而明，则无所容其不信，苟不信焉而觉矣。是谓'易以知险'，'简以知阻'，子思所谓'至诚如神，可以前知'者也。然子思谓'如神'，谓'可以前知'，犹二而言之，是盖推言思诚者之功效，是犹为不能先觉者说也。若就至诚而言，则至诚之妙用，即谓之'神'，不必言'如神'。至诚则无知而

---

① 语出《周易·系辞下》。——译者注
② 语出《周易·系辞下》。——译者注
③ 语出《周易·文言传》。——译者注

无不知，不必言‘可以前知’矣。”①

　　良知是自己产生先觉。如果强行寻求先觉，就会产生念头，使良知受到蒙蔽。良知自有宁静，强行希望得到宁静，反而会更不宁静。因此，不执着于任何私意，这是最重要的工夫。

---

① 见《传习录》中卷，《答欧阳崇一》。——译者注

第 二 十 六 章

良知（四）：致良知的工夫（下）

如何能做到不执着于任何念头？良知本就是自觉，既可以自我察觉到良知本身的作用，也能自我察觉到是否执着于某种念头。

> 良知发用之思，自然明白简易，良知亦自能知得；
> 若是私意安排之思，自是纷纭劳扰，良知亦自会分别得。
> 盖思之是非邪正，良知无有不自知者。①

是自然产生的直觉，又或者是思考之后产生的念头？心的本体是保持了中正，还是执着于某个念头而偏执一端？是善，还是恶？以上种种，我们的良知都能自我察觉。

一个弟子曾经问王阳明："良知原是中和的，如何却有过、不及？"

王阳明回答："知得过、不及处，就是中和。"②

无论人产生的念头是过还是不及，良知一定会自我察觉。在自我察觉之处用功，就越能发挥良知的作用。通过克己去除私心杂念，就会使良知显现出来，这就是致良知的工夫。按照上述方式，在良知自我察觉的地方下工夫，就会让良知更加显现。与此同时，良知对善恶的判断也会越来越准确。这样就会发现"平日所谓善未必是善，所谓不善反倒是正确"。不囿于成见，不被执念遮蔽，

---

① 见《传习录》中卷，《答欧阳崇一》。——译者注
② 见《传习录》下卷，钱德洪录。——译者注

就能随时随地让事事物物保持中正。

弟子黄勉之引用了《论语》中的"君子之于天下也，无适也，无莫也，义之与比"①，问王阳明是否每件事都必须如此。②

王阳明回答："固是事事要如此，须是识得个头脑乃可。义即是良知，晓得良知是个头脑，方无执着。且如受人馈送，也有今日当受的，他日不当受的，也有今日不当受的，他日当受的。你若执着了今日当受的，便一切受去。执着了今日不当受的，便一切不受去。便是'适''莫'。便不是良知的本体。如何唤得做义？"③

我们待人处事时，不能不分厚薄、没有偏向，也不能肆意妄为。我们要让事事物物顺其自然，保持其中正的状态。这正是良知显现后，作用在事事物物上的结果。良知的妙用实质上是让人能在至德的境界中逍遥自在。但要实现这个目标并非易事。

弟子欧阳德曾经对王阳明说："先生致知之旨，发尽精蕴，看来这里再去不得。"

王阳明回答："何言之易也，再用功半年看如何，又用功一年看如何。工夫愈久，愈觉不同，此难口说。"④

---

① 朱子曰："适，专主也。莫，不肯也。比，从也。"谢氏曰："适，可也。莫，不可也。无可无不可，苟无道以主之，不几于猖狂自恣乎？"——原注

② 出自《论语·里仁篇》，意谓对天下的人和事，君子没有固定的厚薄亲疏，只是按照义去做。——译者注

③ 见《传习录》下卷，黄省曾录。——译者注

④ 见《传习录》下卷，陈九川录。——译者注

致良知学说确实是王阳明从百死千难的生活磨炼之中得来的，并且只有如此才能得来。王阳明虽然在口头上给别人讲透了致良知学说，但担心为学者只是简单地在头脑里想象这个理论，而不做实际的工夫，所以无法真正掌握致良知学说。要研习致良知学说，取得实际的成绩，不能仅将其作为一个话题加以讨论，也不能只是凭空想象，一定要坚持不懈地、扎扎实实地实践。了解"良知是直觉且自觉的本然状态的心之本体"这一理论很容易，但要让良知真正得以显现，并且使其完全发挥妙用，则需要自己平时不断用功，一步一步地去实现，绝不是一蹴而就的事情。

"圣人之知如青天之日，贤人如浮云天日，愚人如阴霾天日。虽有昏明不同，其能辨黑白则一。虽昏黑夜里，亦影影见得黑白，就是日之余光未尽处。困学功夫，亦是从这点明处精察去耳。"[①]就算乌云满天，太阳也会一直存在。同样的，即使被私欲蒙蔽到极点时，良知也依然存在。哪怕只能自觉到良知发出的一丝微弱的光亮，也不能忽略它。要以此为起点，不断地把这丝光亮扩大。这就是致良知的工夫。

> 我辈致知，只是各随分限所及。今日良知见在如此，只随今日所知扩充到底；明日良知又有开悟，便从明日所知扩充到底。如此方是精一功夫。与人论学，亦须随

---

① 见《传习录》下卷，钱德洪录。——译者注

人分限所及。如树有这些萌芽，只把这些水去灌溉，萌芽再长，便又加水。自拱把以至合抱，灌溉之功，皆是随其分限所及。若此小萌芽，有一桶水在，尽要倾上，便浸坏他了。

因此，必须不断努力提高自己的修养，但不能拔苗助长，要做好最基本的工夫。关于这个观点，王阳明曾经在给聂文蔚的回信中有如下论述。

近岁来山中讲学者，往往多说"勿忘勿助"工夫甚难[1]。问之，则云："才着意便是助，才不着意便是忘，所以甚难。"区区因问之云："忘是忘个什么？助是助个什么？"其人默然无对，始请问。

区区因与说我此间讲学，却只说个"必有事焉"，不说"勿忘勿助"。"必有事焉"者只是时时去"集义"。若时时去用"必有事"的工夫，而或有时间断，此便是忘了，即须"勿忘"。时时去用"必有事"的工夫，而或有时欲速求效，此便是助了，即须"勿助"。

---

[1] 《孟子·公孙丑上》谈及如何养浩然之气，有如下论述："必有事焉而勿正，心勿忘，勿助长也。"按照孟子的论述，浩然之气是汇聚正义之举而产生的，不要期待它的产生，否则就会导致内心焦急；在心中不要忘记，否则就会荒废了工夫；也不要拔苗助长，否则会妨碍浩然之气的产生。我们只要努力做好工夫，等待其自然产生就行了。——原注

　　其工夫全在"必有事焉"上用。"勿忘勿助"，只就其间提撕①譬觉而已。若是工夫原不间断，即不须更说"勿忘"；原不欲速求效，即不须更说"勿助"。此其工夫何等明白简易！何等洒脱自在！今却不去"必有事"上用功，而乃悬空守著一个"勿忘勿助"，此正如烧锅煮饭，锅内不曾渍水下米，而乃专去添柴放火，不知毕竟煮出个什么物来！吾恐火候未及调停，而锅已先破裂矣。

　　近日一种专在"勿忘勿助"上用工者，其病正是如此。终日悬空去做个"勿忘"，又悬空去做个"勿助"，济济荡荡，全无实落下手处，究竟工夫，只做得个沉空守寂，学成一个痴呆汉，才遇些子事来，即便牵滞纷扰，不复能经纶宰制。此皆有志之士，而乃使之劳苦缠缚，耽搁一生，皆由学术误人之故。甚可悯矣！夫必有事焉，只是集义，集义只是致良知。说集义则一时未见头脑，说致良知即当下便有实地步可用功，故区区专说致良知。随时就事上致其良知，便是格物；着实去致良知，便是诚意；着实致其良知，而无一毫意必固我，便是正心。着实致良知，则自无忘之病；无一毫意必固我，则自无

---

① 提撕，警觉、提醒之意。——译者注

助之病。故说格致诚正，则不必更说个忘助。①

综上所述，王阳明认为，要时刻保持清醒，通过致良知来修身养性，不断用功，脚踏实地地取得进步。这样既不会有忘却的弊端，也不会有拔苗助长的弊端。王阳明的学说不会让顿悟流于空虚，其内容简单直接，鼓励人们不断积极向上，踏实进取。

晚年，王阳明曾告诫同道中人："工夫只是简易真切，愈真切，愈简易；愈简易，愈真切。"也就是说，工夫的简易与真切是相辅相成的。这种绝妙的境界必须由为学者自己体会和领悟。

如上所述，不断积累致良知的工夫，就能踏上成为圣贤的道路，这样便不会执着于一丝一毫的私意，良知就能准确地判断是非善恶。

"圣人致知之功，至诚无息。其良知之体，皦如明镜，略无纤翳，妍媸之来，随物见形，而明镜曾无留染，所谓'情顺万事而无情'者也。'无所住而生其心'，佛氏曾有是言，未为非也。明镜之应物，妍者妍，媸者媸，一照而皆真，即是生其心处。妍者妍，媸者媸，一过而不留，即是无所住处。"②光明而自由自在的生活确实应该如此。

---

① 见《传习录》中卷，《答聂文蔚书其二》。——译者注
② 见《传习录》中卷，《答陆原静书其二》。——译者注

第 二 十 七 章

良知与诚：致良知与诚意——至善与至乐

　　《大学》有云："诚其意。"《中庸》有云："诚者，天之道也；诚之者，人之道也。"自古以来，诚就被视为至德，为世人所重视。四十二岁的王阳明在讲授"存天理灭人欲"内容的同时，也反复强调要"立诚"。当晚年提出致良知学说后，王阳明便开始强调"诚是至德"，还主张"至诚之妙用，即谓之神"①。他主张致良知是根本工夫，也认为诚意是根本工夫，并指出"大学之要，诚意而已矣"。②

　　不过，王阳明所说的良知与诚是怎样的关系呢？

　　"诚是实理，只是一个良知。"③说到底，良知与诚是一体之物，是唯一的至德。良知与诚是基于不同角度对至德的命名。如果基于任何情况下都能自然察觉是非善恶的角度命名，至德便是良知；如果基于意念发动时不带有任何不纯动机的角度命名，至德便是诚。

　　"意欲温凊，意欲奉养者，所谓意也，而未可谓之诚意。必实行其温凊奉养之意，务求自慊而无自欺，然后谓之诚意。"④正如"好好色，恶恶臭"一样，行善不是出于追求他物的意念，是因善本身而感到自我满足，这便是"诚意"。

　　弟子黄直曾经记录下王阳明说的一段话：

---

① 见《传习录》中卷，《答欧阳崇一》。——译者注

② 见王阳明《〈大学〉古本序》。——译者注

③ 见《传习录》下卷，钱德洪录。——译者注

④ 见《传习录》中卷，《答顾东桥书》。——译者注

先生尝谓："人但得好善如好好色，恶恶如恶恶臭，便是圣人。"直初时闻之觉甚易，后体验得来，此个功夫着实是难。如一念虽知好善恶恶，然不知不觉，又夹杂去了。才有夹杂，便不是好善如好好色，恶恶如恶恶臭的心。善能实实的好，是无念不善矣；恶能实实的恶，是无念及恶矣。如何不是圣人？故圣人之学，只是一诚而已。①

为了善而行善，不带有任何毁誉得失等方面的动机，这样的善就是纯粹的善，也可以称为"圣"。万善皆如此，至善就可以称为"神"。王阳明认为《中庸》中的"至诚如神"还不够准确，于是提出至诚的妙用本身就是"神"。那么，应该如何磨炼这样宝贵的诚意工夫呢？除了致良知，别无他法。

着实去致良知，便是诚意。②

王阳明反复强调致良知就是诚意的工夫。他在论述《大学》的"正心、诚意、致知、格物"的《＜大学＞问》一文中，用以下文字概括了诚意的工夫。

---

① 见《传习录》下卷，黄直录。——译者注
② 见《传习录》中卷，《答聂文蔚书其二》。——译者注

　　盖心之本体本无不正，自其意念发动而后有不正。故欲正其心者，必就其意念之所发而正之。凡其发一念而善也，好之真如好好色，发一念而恶也，恶之真如恶恶臭，则意无不诚，而心可正矣。

　　然意之所发，有善有恶，不有以明其善恶之分，亦将真妄错杂，虽欲诚之，不可得而诚矣。故欲诚其意者，必在于致知焉。致者，至也，如云"丧致乎哀"之致。易言"知至至之"，"知至"者，知也，"至之"者，致也。"致知"云者，非若后儒所谓充广其知识之谓也，致吾心之良知焉耳。良知者，孟子所谓"是非之心，人皆有之"者也。是非之心，不待虑而知，不待学而能，是故谓之良知。是乃天命之性，吾心之本体，自然灵昭明觉者也。凡意念之发，吾心之良知无有不自知者。其善欤，惟吾心之良知自知之，其不善欤，亦惟吾心之良知自知之。是皆无所与于他人者也。故虽小人之为不善，既已无所不至，然其见君子，则必厌然掩其不善而著其善者，是亦可以见其良知之有不容于自昧者也。今欲别善恶以诚其意，惟在致其良知之所知焉尔。何则？意念之发，吾心之良知既知其为善矣，使其不能诚有以好之，而复背而去之，则是以善为恶，而自昧其知善之良知矣。意念之所发，吾之良知既知其为不善矣，使其不能诚有以恶之，而复蹈而为之，则是以恶为善，而自昧其知恶之良知矣。

若是，则虽曰知之，犹不知也，意其可得而诚乎？今于良知之善恶者，无不诚好而诚恶之，则不自欺其良知而意可诚也已。

然欲致其良知，亦岂影响恍惚而悬空无实之谓乎？是必实有其事矣。故致知必在于格物。物者，事也，凡意之所发必有其事，意所在之事谓之物。格者，正也，正其不正以归于正之谓也。正其不正者，去恶之谓也。归于正者，为善之谓也。夫是之谓格。《书》言"格于上下""格于文祖""格其非心"，格物之格实兼其义也。良知所知之善，虽诚欲好之矣，苟不即其意之所在之物而实有以为之，则是物有未格，而好之之意犹为未诚也。良知所知之恶，虽诚欲恶之矣，苟不即其意之所在之物而实有以去之，则是物有未格，而恶之之意犹为未诚也。今焉于其良知所知之善者，即其意之所在之物而实为之，无有乎不尽。于其良知所知之恶者，即其意之所在之物而实去之，无有乎不尽。然后物无不格，吾良知之所知者，无有亏缺障蔽，而得以极其至矣。夫然后吾心快然无复余憾而自谦矣，夫然后意之所发者，始无自欺而可以谓之诚矣。①

① 见《＜大学＞问》。——译者注

如上所述，致知可以实现诚意，但这并不意味着致知是起点，诚意是终点。致知之时也是实现诚意之时。"致良知"和"诚其意"是同时存在的，齐头并进的。虽然有正心、诚意、致知、格物之分，实质上只是一种工夫。人们如果能认识到这一点，就会明白这四者之间并没有先后顺序。

> "物格而后知至，知至而后意诚，意诚而后心正，
> 心正而后身修。"盖其工夫条理虽有先后次序之可言，
> 而其体之惟一，实无先后次序之可分。①

正心、诚意、致知、格物，四者实质上只是一种工夫。王阳明特意倡导致良知学说，将致良知视为最根本的工夫，认为诚意也是通过致良知得来的。当致良知、诚其意、正其心后，心之本体就显现出本然的状态。那么，心之本体显现出本然的状态时，人的心境又是如何呢？在这里，我想先阐释一下王阳明如何看待正直善良与快乐之间的关系。

王阳明主张"乐是心之本体"。一天，有个弟子问他："乐是心之本体，不知遇大故②于哀哭时，此乐还在否？"

王阳明回答："须是大哭了一番方乐，不哭便不乐矣。虽哭，

---

① 见《＜大学＞问》。——译者注
② 指父母之死等重大变故。——译者注

此心安处，即是乐也，本体未尝有动。"① 王阳明认为，诚在，乐便常在。痛哭属于七情中的痛苦，但在该痛哭时就大哭，同时会有乐。

诚是因善而内心感到安宁与满足。因此，真善本身自然是圆满无缺的。行善的目的不是获得七情中的快乐，但行善之时，常常感到很快乐。这也是王阳明主张"为善最乐"的原因。

> 君子乐得其道，小人乐得其欲。然小人之得其欲也，吾亦但见其苦而已耳。"五色令人目盲，五声令人耳聋，五味令人口爽，驰骋田猎令人心发狂。"营营戚戚，忧患终身，心劳而日拙，欲纵恶积，以亡其生，乌在其为乐也乎？若夫君子之为善，则仰不愧，俯不怍；明无人非，幽无鬼责；优优荡荡，心逸日休；宗族称其孝，乡党称其悌；言而人莫不信，行而人莫不悦。所谓无入而不自得也，亦何乐如之……②

在这里，我们需要注意的是，虽然王阳明分别阐述了得道之乐和得欲之乐，但两者实质上并非完全不同的事物。得道之乐包括超越感官享乐的快乐，也包括"得其正"的各种快乐。

---

① 见《传习录》下卷，钱德洪录。——译者注
② 见王阳明《为善最乐文》。——译者注

　　弟子陆澄曾经问王阳明："昔周茂叔每令伯淳寻仲尼、颜子
乐处。敢问是乐也，与七情之乐同乎？否乎？若同，则常人之一
遂所欲，皆能乐矣，何必圣贤？若别有真乐，则圣贤之遇大忧、
大怒、大惊、大惧之事，此乐亦在否乎？且君子之心常存戒惧，
是盖终身之忧也，恶得乐？澄平生多闷，未尝见真乐之趣，今切
愿寻之。"陆澄的问题一如既往地难以回答。

　　王阳明回复道："乐是心之本体，虽不同于七情之乐，而亦
不外于七情之乐。虽则圣贤别有真乐，而亦常人之所同有，但常
人有之而不自知，反自求许多忧苦，自加迷弃。虽在忧苦迷弃之
中，而此乐又未尝不存，但一念开明，反身而诚，则即此而在矣。
每与原静论，无非此意，而原静尚有'何道可得'之问，是犹未
免于'骑驴觅驴'之蔽也！"①

　　王阳明所说的"虽不同于七情之乐，而亦不外于七情之乐"
也好，"虽则圣贤别有真乐，而亦常人之所同有"也好，乍一看
似乎让人十分费解，不过体现了其学说中的真切之处。在对良知
自觉的同时所产生的七情之乐，都被王阳明视为真乐。因诚意修
行而感到自我满足时，常常会伴有真乐。至诚就是至善。至善就
是至乐。其中的工夫就是致良知。

----

① 见《传习录》中卷，《答陆原静书其二》。——译者注

第 二 十 八 章

良知与仁：以天地万物为
一体的仁——理想国家

　　王阳明曾经沉溺于佛老之学，并潜心研习。随着学习的深入，他认识到，佛老之学中有些非社会性的教义违背了人的本性。他便逐渐回归到提倡社会性教义的儒学上。后来，他还从哲学的角度深入比较了儒学和佛学。

　　王阳明指出："佛氏不着相[①]，其实着了相；吾儒着相，其实不着相。……佛怕父子累，却逃了父子；怕君臣累，却逃了君臣。怕夫妇累，却逃了夫妇。都是为个君臣、父子、夫妇着了相，便须逃避。如吾儒有个父子，还他以仁；有个君臣，还他以义；有个夫妇，还他以别。何曾着父子、君臣、夫妇的相？"[②]

　　社会性教义看似用人情或俗世的尘缘来限制人的行为，但其实质是让人用各种方法来应对各类事情，所以并不僵化，反倒让人更加自在。

　　社会道德的根本是什么呢？自孔子以来，儒家便将"仁"视为最根本的道德。王阳明信奉儒家学说，所以把"仁"奉为至德。他发现了佛老之学中的不足之处，曾经高歌"长生在求仁"，但尚未提及"仁"的深刻意义。自龙场悟道以来，每每谈到道德，他就会强调"仁"是道德之根本。他指出，温清定省之类的孝道，其本质就是诚孝之心，而诚孝之心就是爱。

---

① 相，即事物的状态。——原注
② 见《传习录》下卷，黄直录。——译者注

譬之树木，这诚孝的心便是根，许多条件便是枝叶，须先有根，然后有枝叶，不是先寻了枝叶，然后去种根。《礼记》言："孝子之有深爱者必有和气，有和气者必有愉色，有愉色者必有婉容。"须是有个深爱做根，便自然如此。①

如上所述，仁爱就是道德的根本。那么，仁爱与王阳明晚年视为至德的良知之间，究竟是什么关系呢？良知即仁。从社会层面来看，良知的具体内容就是仁爱之情。

只是一个真诚恻怛，便是良知本体。

用真诚恻怛的良知去侍奉父母，便是孝；去敬重兄长，便是悌；去辅佐君主，便是忠。一切道德都出自良知。

"孟氏'尧舜之道，孝悌而已'者，是就人之良知发见得最真切笃厚、不容蔽昧处提省人，使人于事君、处友、仁民、爱物，与凡动静语默间，皆只是致他那一念事亲从兄真诚恻怛的良知，即自然无不是道。盖天下之事虽千变万化，至于不可穷诘，而但惟致此事亲从兄一念真诚恻怛之良知以应之，则更无有遗缺渗漏者，正谓其只有此一个良知故也。事亲从兄一念良知之外，更无

---

① 见《传习录》上卷，徐爱录。——译者注

有良知可致得者。故曰：'尧舜之道，孝弟而已矣。'"① 可见，
王阳明将仁与良知视为一体之物，将真诚的同情之心视为一切道
德的根本。

王阳明之所以将真诚的同情之心视为一切道德的根本，正是
基于他将天地万物视为一体的哲学意义上的宇宙观。

> 夫人者，天地之心。天地万物，本吾一体者也。②

对此，王阳明更加详细的论述如下："盖天地万物与人原是
一体，其发窍之最精处，是人心一点灵明，风雨露雷、日月星辰、
禽兽草木、山川土石，与人原只一体。故五谷、禽兽之类皆可以
养人，药石之类皆可以疗疾，只为同此一气，故能相通耳。"③
因为天地万物本是一体，所以其间有同情之心相通，更是物我
无隔。

> 大人者，以天地万物为一体者也，其视天下犹一家，
> 中国犹一人焉。若夫间形骸而分尔我者，小人矣。大人
> 之能以天地万物为一体也，非意之也，其心之仁本若是，
> 其与天地万物而为一也。岂惟大人，虽小人之心亦莫不

---

① 见《传习录》中卷，《答聂文蔚书其二》。——译者注
② 见《传习录》中卷，《答聂文蔚书其一》。——译者注
③ 见《传习录》下卷，黄省曾录。——译者注

然，彼顾自小之耳。是故见孺子之入井，而必有怵惕恻
隐之心焉，是其仁之与孺子而为一体也。孺子犹同类者也，
见鸟兽之哀鸣觳觫[①]，而必有不忍之心焉，是其仁之于鸟
兽而为一体也。鸟兽犹有知觉者，见草木之摧折而必有
悯恤之心焉，是其仁之于草木而为一体也。草木犹有生
意者也，见瓦石之毁坏而必有顾惜之心焉，是其仁之于
瓦石而为一体也。[②]

如上所述，任何人都具有将天地万物视为一体的仁的本性。
那么，为什么还有人会将父母兄弟视为仇敌呢？这是仁的本性被
私欲遮蔽的缘故。

王阳明指出："小人之心既已分隔隘陋矣，而其一体之仁犹
能不昧若此者，是其未动于欲，而未蔽于私之时也。及其动于欲，
蔽于私，而利害相攻，忿怒相激，则将戕物圮类，无所不为，其
甚至有骨肉相残者，而一体之仁亡矣。是故苟无私欲之蔽，则虽
小人之心，而其一体之仁犹大人也；一有私欲之蔽，则虽大人之心，
而其分隔隘陋犹小人矣。故夫为大人之学者，亦惟去其私欲之蔽，
以自明其明德，复其天地万物一体之本然而已耳。"[③]

他还强调："天下之人心，其始亦非有异于圣人也，特其间

---

① 觳觫，因恐惧而发抖。——译者注

② 见《〈大学〉问》。——译者注

③ 见《〈大学〉问》。——译者注

于有我之私，隔于物欲之蔽，大者以小，通者以塞，人各有心，至有视其父子兄弟如仇雠者。圣人有忧之，是以推其天地万物一体之仁以教天下，使之皆有以克其私，去其蔽，以复其心体之同然。"①

人心普遍具有这种真诚恻怛的良知，所谓天下古今都是如此。因此，不断积累致良知的工夫，就能够实现仁德。

> 良知之在人心，无间于圣愚，天下古今之所同也。世之君子惟务致其良知，则自能公是非，同好恶，视人犹己，视国犹家，而以天地万物为一体，求天下无治，不可得矣。古之人所以能见善不啻若己出，见恶不啻若己入，视民之饥溺犹己之饥溺，而一夫不获，若己推而纳诸沟中者，非故为是而以蕲天下之信己也，务致其良知求自慊而已矣。②

如上所述，真诚恻怛的良知是将天地万物视为一体，所以生出对天地万物普遍的爱。但爱又是有差别的，行仁爱之事，要根据情感厚薄的差异来进行，并不是毫无差别的。

一个弟子问王阳明："大人与物同体，如何《大学》又说个

---

① 见《传习录》中卷，《答顾东桥书》。——译者注
② 见《传习录》中卷，《答聂文蔚书其一》。——译者注

厚薄？"①

王阳明回答："惟是道理自有厚薄。比如身是一体，把手足捍头目，岂是偏要薄手足？其道理合如此。禽兽与草木同是爱的，把草木去养禽兽，心又忍得？人与禽兽同是爱的，宰禽兽以养亲与供祭祀、燕②宾客，心又忍得？至亲与路人同是爱的，如箪食豆羹，得则生，不得则死，不能两全，宁救至亲，不救路人，心又忍得？这是道理合该如此。及至吾身与至亲，更不得分别彼此厚薄。盖以仁民爱物皆从此出，此处可忍，更无所不忍矣。《大学》所谓厚薄，是良知上自然的条理，不可逾越，此便谓之义；顺这个条理，便谓之礼；知此条理，便谓之智；终始是这条理，便谓之信。"③

如上所述，爱有轻重厚薄之分，这是自然的定理，良知对此也能自觉。

> 然其（良知）发见流行处，却自有轻重厚薄，毫发不容增减者。所谓"天然自有之中"也。虽则轻重厚薄，毫发不容增减，而原又只是一个。虽则只是一个，而其间轻重厚薄，又毫发不容增减。若可得增减，若须假借，

① 《大学》中提及："其本乱而末治者否矣。其所厚者薄，而其所薄者厚，未之有也！"——原注

② 通"宴"。——译者注

③ 见《传习录》下卷，钱德洪录。——译者注

即已非其真诚恻怛之本体矣。此良知之妙用所以无方体，无穷尽，"语大天下莫能载，语小天下莫能破"者也。①

　　爱有差别，各自保持中庸的状态，这也是自然的规律。因此，王阳明否定无差别的兼爱或博爱。

　　一个弟子曾经问王阳明："程子云'仁者以天地万物为一体'，何墨氏'兼爱'反不得谓之仁？"王阳明回答："此亦甚难言，须是诸君自体认出来始得。仁是造化生生不息之理，虽弥漫周遍，无处不是，然其流行发生，亦只有个渐②……惟其渐，所以便有个发端处；惟其有个发端处，所以生；惟其生，所以不息。譬之木，其始抽芽，便是木之生意发端处；抽芽然后发干，发干然后生枝生叶，然后是生生不息。若无芽，何以有干有枝叶？能抽芽，必是下面有个根在。有根方生，无根便死。无根何从抽芽？父子兄弟之爱，便是人心生意发端处，如木之抽芽；自此而仁民，而爱物，便是发干、生枝生叶。墨氏'兼爱'无差等，将自家父子兄弟与途人一般看，便自没了发端处。不抽芽，便知得他无根，便不是生生不息，安得谓之仁？孝悌为仁之本，却是仁理从里面发出来。"③

　　薄待关系疏远的人，厚待自己的父母。根据关系的远近亲疏，

---

① 见《传习录》中卷，《答聂文蔚书其二》。——译者注

② 渐，即顺序之意。——译者注

③ 见《传习录》上卷，陆澄录。——译者注

选择合适的相处之道，这样才能形成一个理想的社会。王阳明所说的理想社会，毋宁说是一种理想的国家。王阳明在讨论唐虞[①]治世时，有一段话充分地表达了他的见解。[②]

谈及理想治世中的教育，他认为教育的最终目的是实现"成德"与"成才"。所谓"成德"，是让人们能够发挥自己固有的、普遍的、天地万物一体之仁的精神。所谓"成才"，是因为人们的才能各有长短，通过教育让他们各自的特长更加熟练。也就是说，通过"成德"让人们统合成一个统一的社会；通过"成才"让人们能够取长补短，都能成为有用之人。如果接受了这样的教育，无论能力高低，人们都能在生活中安守本分、努力工作，既不会眼高手低，也不会羡慕别人。这样一来，天下好像和和睦睦的一家人，如此也可以说是实现了理想的治世。

接下来，我想简要摘录王阳明关于理想治世的一段论述。

> 学校之中，惟以成德为事，而才能之异，或有长于礼乐，长于政教，长于水土播植者，则就其成德，而因使益精其能于学校之中。迨夫举德而任，则使之终身居

---

① 唐虞，唐尧与虞舜的并称，亦指尧与舜的时代，古人认为其时代是太平盛世。——译者注

② 王阳明基于一般尚古主义的观点，认为古时候就建成了理想的社会。我虽然怀疑唐虞盛世是否在历史上存在过，但可以由此推断出王阳明认为的理想国家的形态。如果人类能以建成这种国家为理想，那么无疑王阳明的言论是崇高、宝贵的。——原注

其职而不易，用之者惟知同心一德，以共安天下之民，视才之称否，而不以崇卑为轻重，劳逸为美恶。效用者，亦惟知同心一德，以共安天下之民。苟当其能，则终身处于烦剧而不以为劳，安于卑琐而不以为贱。当是之时，天下之人熙熙皞皞①，皆相视如一家之亲。其才质之下者，则安其农、工、商、贾之分，各勤其业，以相生相养，而无有乎希高慕外之心。其才能之异，若皋、夔、稷、契②者，则出而各效其能。若一家之务，或营其衣食，或通其有无，或备其器用，集谋并力，以求遂其仰事俯育之愿。惟恐当其事者之或怠，而重己之累也。

故稷勤其稼，而不耻其不知教，视契之善教即己之善教也。夔司其乐，而不耻于不明礼，视夷之通礼即己之通礼也。盖其心学纯明，而有以全其万物一体之仁，故其精神流贯，志气通达，而无有乎人己之分、物我之间。譬之一人之身，目视耳听，手持足行，以济一身之用。目不耻其无聪，而耳之所涉，目必营焉；足不耻其无执，而手之所探，足必前焉。盖其元气充周，血脉条畅，是以痒疴呼吸，感触神应，有不言而喻之妙。③

----

① 形容和乐舒畅，恬然自得。——译者注
② 相传皋、夔、稷、契都是舜时的贤臣。皋即皋陶，担任司法官；夔擅长音乐，主管礼乐；稷擅长耕作，所以主管农业；契主管教育。——原注
③ 见《传习录》中卷，《答顾东桥书》。——译者注

　　如上所述，王阳明凭借自己高超的言语能力阐明了社会的特殊分化、有机统合的妙理。他强调，要实现这种理想的治世，就必须懂得天地万物就是一体的，每个人都应将自己的良知推而及人，把天地万物都视为自己身体和心灵的一部分。

第二十九章

良知与性（上）：性之善恶

　　性之善恶问题是道德方面的一大问题。自古以来，许多东方学者都倾注全力探讨过这个问题。通常是甲学者提出了一个论点，乙学者对此加以驳斥，可谓众说纷纭。如果现在要论述关于性之善恶的各种学说的异同，怕是穷尽一生也难以说完。因此，我也不再赘述。

　　王阳明曾经指出："今之论性者，纷纷异同，皆是说性，非见性也。见性者无异同之可言矣。"① 他认为，与其从语言上争辩各种学说的异同，倒不如直接从本源上分析本性自身。本性不就是人人固有之物吗？

　　关于如何研究人的本性，王阳明自有方法。关于何谓"性"，他也有自己独到的见解。有人认为他主张"无善无不善"，也有人说他混淆了善恶之分，还有人说他并没有自己的定论，甚至还有人说他主张性善论。仅仅关于王阳明的本性论，学者们就有如此多的议论。不过，始终是其他学者在对性之善恶的问题议论纷纷，王阳明并没有参与其中。因为关于人的本性，王阳明一直秉持着成熟又超然的主张。

　　在我看来，后世的儒家学者既然信奉《中庸》的"天命之谓性，率性之谓道，修道之谓教"，就不应该再讨论性善或者性恶。因为这种讨论从根本上来说就是错误的。孟子主张"人之初，性本善"，而后来的儒家学者都受限于这种观点。但如果从"率性之

———————

① 见《传习录》下卷，钱德洪录。——译者注

谓道"出发，就可以得出"性就是道之本源"这个结论。性决定道，道不能判断性。也就是说，性是判断事物善恶的标准，除此之外，再无其他标准。天性本身就是至高无上之物。"率性"称为"善"，"不率性"称为"恶"。因此，根本就没有必要讨论性善或性恶。如果非要讨论性善或性恶，那就是从本性之外求道。[①]

如果仅将孟子等人的性善论作为教育大众的手段，还是可行的。因为有的普通人不理解圣贤的教诲是基于人的本性提出的，误以为道一定要压迫、强制人的本性。此时，圣人就可以告诉他们，善原本就是人生来具有的本性，不用向外寻求。同时，圣人还告诫人们要保持本性。这也是为了鼓励普通人自重自强，努力奋斗。

然而，儒家学者不能将性之善恶视为可以在哲学层面讨论的问题。可以说，在孟子提出性善论后，有儒家学者对此展开哲学讨论，这实质上是拘泥于古人观点的举动。

为了理解王阳明的本性论，首先必须知道他所说的"性"的含义。

夫心体是性，性原是天。

王阳明认为心、性、天都是同一物。

---

① 所以主张从本性之外求道的观点本身就有问题。但有些认同《中庸》第一章中的观点的理论学说就出现了这种问题，的确是自相矛盾。——原注

知是理之灵处。就其主宰处说，便谓之心，就其禀赋处说，便谓之性。

所谓汝心，却是那能视听言动的，这个便是性，便是天理。有这个性才能生。这性之生理便谓之仁。这性之生理，发在目便会视，发在耳便会听，发在口便会言，发在四肢便会动，都只是那天理发生，以其主宰一身，故谓之心。①

如上，王阳明认为性、心、理都是一物，视、听、言、动都是由性发动的。

"缘天地之间，原只有此性，只有此理，只有此良知，只有此一件事耳。"②可见，王阳明认为性和良知也只是一物。

如上所述，王阳明所说的"性"与理、心、良知都是同一物，只是从不同角度来观察作为一个实体的人，并从不同角度命名而已。

性是人之所以为人的、固有的特点，所以是绝对至高无上之物。除了性本身，再没有可以用来判断性的标准。

道即性即命。本是完完全全，增减不得，不假修饰

---

① 见《传习录》上卷，薛侃录。——译者注
② 见《传习录》中卷，《答聂文蔚书其二》。——译者注

的……天命于人，则命便谓之性；率性而行，则性便谓之道。①

性即是道，就是判断事物善恶的标准，因此，性本身是超越善恶之称的存在，无法被评价是善还是恶。

性之本体，原是无善无恶的。②
无善无恶是心之体。③

以上论述都是王阳明关于性的正面的见解。
王阳明曾经评价告子的无善无恶论④，如下所述。

告子病源从"性无善无不善"上见来。性无善无不善，虽如此说，亦无大差，但告子执定看了，便有个无善无不善的性在内。有善有恶，又在物感上看，便有个物在外，却做两边看了，便会差。无善无不善，性原是如此，悟得及时，只此一句便尽了，更无有内外之间。告子见

---

① 见《传习录》上卷，薛侃录。——译者注

② 见《传习录》下卷，钱德洪录。——译者注

③ 见《传习录》下卷，黄直录。——译者注

④ 《孟子·告子章句上》中写道："告子曰：'性犹湍水也，决诸东方则东流，决诸西方则西流。人性之无分于善不善也，犹水之无分于东西也。'"王阳明就是针对上述内容来评价告子的"无善无恶论"。——原注

一个性在内，见一个物在外，便见他于性有未透彻处。①

告子认为，要从性之外寻求善恶判断的标准，因此探讨了基于这种标准的性的具体状态。告子主张性无善无恶，其实质是认为性的本体与道德无关。王阳明也主张性无善无恶，但他将性本身作为善恶判断的标准，所以自然就不能说性是善或者是恶了。

由此看来，虽然告子与王阳明使用了同一表述，但实质上表达了完全不同的意义。

因为性本身就是一切善的衡量标准，所以王阳明有时又将性称为"至善"。"至善者性也，性元无一毫之恶。"②此处的善并不是指与恶相对的善，而是表示作为绝对标准的善，即"无善无恶，是谓至善"③。

王阳明认为性只有一个。自古以来，学者们或者主张性善论，或者主张性恶论，实质上只是观察的角度不同而已。

一个弟子曾经向王阳明请教："古人论性，各有异同，何者乃为定论？"

王阳明回答："性无定体，论亦无定体。有自本体上说者，有自发用上说者，有自源头上说者，有自流弊处说者。总而言之，只是这个性，但所见有浅深尔。若执定一边，便不是了。性之本

---

① 见《传习录》下卷，钱德洪录。——译者注
② 见《传习录》上卷，陆澄录。——译者注
③ 见《传习录》上卷，薛侃录。——译者注

体原是无善无恶的，发用上也原是可以为善，可以为不善的，其流弊也原是一定善、一定恶的。譬如眼，有喜时的眼，有怒时的眼，直视就是看的眼，微视就是觑的眼。总而言之，只是这个眼，若见得怒时眼，就说未尝有喜的眼，见得看时眼，就说未尝有觑的眼，皆是执定，就知是错。孟子说性，直从源头上说来，亦是说个大概如此。荀子性恶之说，是从流弊上说来，也未可尽说他不是，只是见得未精耳。"①

　　王阳明认为，既然已经领悟性的本体，就不应该再讨论与之相关的各种学说的异同。观察本性的视角不同，自然会导致观点有异。因为性从本体上而言，是无善无恶的，所以他又将其命名为"至善"。

---

① 见《传习录》下卷，黄省曾录。——译者注

第 三 十 章

良知与性（下）：善恶之起源——理或性与气

接下来，笔者将进一步阐述本性论中最困难的一部分。人类的喜怒哀乐、视听言行都是出自本性的驱动，那么为什么还会有善与不善的区别呢？这是最难解答的一个问题。

> 心之本体则性也。性无不善，则心之本体本无不正也……自其意念发动而后有不正。①

从本体上来看，意念发动的过或不足都是恶。

> 至善者，心之本体。本体上才过当些子，便是恶了。②

那么，从本体上来看，意念发动为什么会过或不足呢？意念不也是由本性发动的吗？性是至善，意念也不应该有恶。如果意念是恶的，心的本体中就一定有恶的部分。关键问题就在这里。那么，王阳明又是如何回答的呢？他是在特别偶然的情况下，针对这个问题作了绝妙的解答。因为他并没有系统论述，所以要明确他的观点并不容易。笔者只能将零散的言论综合起来，然后加以推导。

首先，笔者必须叙述一下王阳明最著名的"四句教"。他曾

---

① 见《＜大学＞问》。——译者注
② 见《传习录》下卷，黄直录。——译者注

经用以下四句话解释自己的观点："无善无恶心之体，有善有恶意之动，知善知恶是良知，为善去恶是格物。"这四句话又被称为"四句教言""四句诀"或"四言教"，是阳明心学中最值得重视的内容。

明世宗嘉靖六年（1527年）九月，王阳明准备从越中出发，前往思田二州去平定叛乱。准备出发时，他的两个弟子钱德洪和王畿 ① 就四句教的理解产生了争执。这场争论发生在两人一同上船拜访同门张元冲 ② 的时候。

王畿说："先生说的四句教恐怕不是真理。"

钱德洪问："为什么呢？"

王畿回答："如果主张心之体是无善无恶的，那么意也应该是无善无恶的；如果知是无善无恶的，那么物也应该是无善无恶的。如果主张意是有善有恶的，那么心之体也应该有善有恶。"

钱德洪说："心的本体是天命之性，原本是无善无恶的。但人有习心，因此意念有善有恶。格物、致知、诚意、正心、修身都是用于恢复性的本体的工夫。如果意念原本就无善无恶，那就不需要工夫了。"

两个人一直争执不下。最后，王畿说："明天老师就要出发了，今天晚上我们一起去请教老师吧。"

---

① 王畿（1498—1583），字汝中，号龙溪。——译者注

② 张元冲（1502—1563），明朝嘉靖年间进士。——译者注

直到当天午夜，拜访王阳明的客人才逐渐散去。送客后，他正要进屋，听闻两个弟子一直在院子的台阶上等着自己，于是命人把座椅搬到天泉桥上。两个弟子在王阳明身旁坐下，说出了各自的看法，请王阳明指正。这个故事便是历史上著名的"天泉证道"。

当时，王阳明已经五十六岁，正是他过世的前一年。此时，他的学识已经十分圆熟了。两个弟子的疑问实际上也触及阳明心学中最精深微妙的本质问题。那么，王阳明是如何解答的呢？

当得知两个弟子开始探讨如此重要的问题后，王阳明非常高兴地说："二君之见，正好相资为用，不可各执一边。我这里接人原有此二种：利根之人①，直从本源上悟入。人心本体原是明莹无滞的，原是个'未发之中'。利根之人一悟本体，即是工夫，人己内外一齐俱透了。其次，不免有习心在，本体受蔽，故且教在意念上实落为善去恶。功夫熟后，渣滓去得尽时，本体亦明尽了。汝中之见是我这里接利根人的，德洪之见是我这里为其次立法的。二君相取为用，则中人上下皆可引入于道。若各执一边，眼前便有失人，便于道体各有未尽。"②

王阳明认为两个弟子的说法都是成立的。人如果悟道，心的本体就是通透的，意、知、物都会顺应心的本体，所以不会有恶，

---

① 即生性聪颖、善于领悟理解的人。——译者注
② 见《传习录》下卷，钱德洪录。——译者注

自然也没有其对立面即善的存在。也就是说，意、知、物都是无善无恶的。但心的本体能达到通透的人实属少有。如果普通人以四句教为道，容易产生误解，甚至会变得妄自尊大；如果以格物致知为道，则不会出现上述危险。

王阳明接着告诉弟子们："已后与朋友讲学，切不可失了我的宗旨：无善无恶是心之体，有善有恶是意之动，知善知恶的是良知，为善去恶是格物。只依我这话头，随人指点，自没病痛。此原是彻上彻下①功夫。利根之人，世亦难遇。本体工夫，一悟尽透。此颜子②、明道所不敢承当，岂可轻易望人！人有习心，不教他在良知上实用为善去恶工夫，只去悬空想个本体，一切事为俱不着实，不过养成一个虚寂。此个病痛不是小小，不可不早说破。"③听了王阳明的一番话，王畿和钱德洪都深受启发。

王阳明认为性之本体受到了习心的遮蔽，就会产生善恶之意。那么，这种习心是如何产生的呢？"气质刚的人受到善的影响就变成刚善，受到恶的影响就成为刚恶。同理，气质柔的人受到善的影响就变成柔善，受到恶的影响就变成柔恶。"所谓习心，是指气质发动为意念而形成的某种习惯。王阳明认为，气质欠佳的人心里的杂质较多、受蒙蔽的程度过深，一旦产生私欲客气④，

---

① 贯通上下之意。——译者注

② 即颜回。——译者注

③ 见《传习录》下卷，钱德洪录。——译者注

④ 人的私欲、客气并不是两物，都是指私欲。——原注

就容易被其牵制。

然而，性与气质两者存在怎样的关系呢？我们必须从王阳明的本性论的最终结论中寻找答案。宋朝以来，许多儒家学者用"理"和"气"来解释宇宙全体。因为天理附着在人身上，就是"性"，所以要探讨道德伦理层面的问题，既可以用"性"与"气"这两个概念，也可以直接使用"理"与"气"。王阳明在阐释道德伦理中的根本问题时，也将"性"或"理"视为与"气"相对的概念。他所说的"气"是指发起所有身心活动的东西。也就是说，人所意识到的一切人生的现象都可称为"气"。

恻隐、羞恶、辞让、是非即是气。①

孟子亦曰："形色，天性也。"其实，这句话也是在阐明"气是天性"②。

"气"既包括恻隐、羞恶等"道德之气"，也包括忧虑、嫉妒心、私心等"非道德之气"。这样就产生了善恶之别。"道德之气"与"理"相符。如果偏离了"理"，动了"气"，恶就会产生。

王阳明曾对弟子说："善恶全在汝心。循理便是善，动气便是恶。"③

---

① 见《传习录》中卷，《答周道通书》。——译者注

② 见《传习录》下卷，黄修易录。——译者注

③ 见《传习录》上卷，薛侃录。——译者注

那么，性即理与"气"之间的关系是如何呢？

"气"可以引起人生中的一切现象，而其现象的实质内容就是"性"。因此，人无法直接意识到"性"的存在，这也就是所谓的"未发之中，即廓然大公、寂然不动之本体"。所以我们只有通过"性"发动的现象，即"气"的所动之处，才可以观察到所谓的"性"。所谓"性善之端，须在气上始见得，若无气亦无可见矣"[①]。

说到底，"性"与"气"两者只是一物。两者的区别仅在于，"性"是指人这个实体的本质特征，而"气"则是人这个实体的外部特征。

> 若见得自性明白时，气即是性，性即是气，原无性气之可分也。[②]

"性"就是"理"，就是良知，所以"理"或良知与"气"之间的关系也是如此。所谓"理者，气之条理。气者，理之运用。无条理，则不能运用。无运用，则亦无以见其所谓条理者矣"[③]。

关于良知与"气"之间的关系，王阳明曾经有过以下论述。

> 夫良知，一也，以其妙用而言，谓之神；以其流行而言，

①　见《传习录》中卷，《答周道通书》。——译者注

②　见《传习录》中卷，《答周道通书》。——译者注

③　见《传习录》中卷，《答陆原静书其一》。——译者注

谓之气。①

　　然良知亦只是这口说，这身行，岂能外得气，别有个去行去说？故曰："论性不论气，不备；论气不论性，不明。"气亦性也，性亦气也。②

　　然而，作为人这个实体的本质特征的"性"，当其体现在人的外部行为上时，其本体的过或不及是否都会产生不善呢？关于这个哲学上的根本问题，王阳明是如何看待的呢？由于掌握的材料还不够充分，笔者对此了解得不够深刻。接下来，笔者暂且叙述与之相关的一件事。

　　弟子黄直曾经有如下记录："先生尝谓'善恶只是一物'。善恶两端如冰炭相反，如何谓只一物？先生曰：'至善者心之本体。本体上才过当些子，便是恶了。不是有一个善，却又有一个恶来相对也。故善恶只是一物。'直因闻先生之说，则知程子所谓'善固性也，恶亦不可不谓之性'③。又曰：'善恶皆天理，谓之恶者本非恶，但于本性上过与不及之间耳。'其说皆无可疑。"

---

① 见《传习录》中卷，《答陆原静书其一》。——译者注

② 见《传习录》下卷，黄修易录。——译者注

③ 出自朱熹的《近思录·道体篇》："程明道曰：生之谓性，性即气，气即性，生之谓也。人生气禀，理有善恶，然不是性中元有此两物相对而生也。有自幼而善，有自幼而恶，是气禀有然也。善固性也，然恶亦不可不谓之性也。"——原注

有一个问题，王阳明和程颢都没有作出清晰的解释，但这个问题又是值得我们深思的。那就是，作为本性的善为什么会沦为恶？我们不能认为普遍意义上的善恶就是基于某种偏颇看法的善恶。从哲学层面来看，人生中的所有事情都是由性发动的，无外乎是从善到善的过程。如果从普通意义而言，哪怕是执着于一丝的私意，就会发动"气"，然后变成恶，能够对以上过程产生自觉的就是良知。这样就会努力使本体恢复到中正的状态。努力恢复本体的过程就可称为"致良知"，也可称为"恢复本性"，正所谓"人能修道，然后能不违于道，以复其性之本体，则亦是圣人率性之道矣"[1]。

如果这种丧失中正状态的"气"潜藏在我们身上，就会像潜伏在我们体内的病根一样，时不时地复发。因此，我们必须省察克治，尽力从根本上将其去除，使良知变得光明美好。这实际上也是彻上彻下的工夫。

"譬之病疟之人，虽有时不发，而病根原不曾除，则亦不得谓之无病之人矣。须是平日好色、好利、好名等项一应私心，扫除荡涤，无复纤毫留滞，而此心全体廓然，纯是天理。"[2] 这样一来，才能恢复人的本性，使天理纯然。这样的人便可被称为圣人。

---

① 见《传习录》上卷，薛侃录。——译者注
② 见《传习录》上卷，陆澄录。——译者注

下

编

第 三 十 一 章

一阳来复：政务与学问

　　王阳明曾经指出："圣贤非无功业气节，但其循着这天理，则便是道，不可以事功气节名矣。"实际上，这句话也是对王阳明自身最合适的评价。王阳明的思想学说和他的实际生活是统一的，绝不能分开来看。他的思想学说体现在他的实际生活之中，而他的实际生活因他的思想学说而变得很有意义。因此，笔者必须讲述一下王阳明在贵州龙场悟道后的一些经历。

　　身处蛮荒的龙场时，王阳明可谓穷困潦倒。不过，摆脱了生死的烦恼后，他便参透了格物致知的含义。三十八岁时，他首次向世人提出了知行合一学说。第一次听到该学说，并有领悟的人是席书。席书当时任贵州提学副使一职，负责监督学政，后来成了王阳明的弟子。

　　一天，席书向王阳明请教朱陆学说的异同。王阳明并没有直接回答，而是说出了自己的领悟。因为王阳明认为做学问的目的不在于辩论学说的异同，而在于悟道。事实上，讲授自己的领悟也是王阳明的一种教育方法。听了王阳明的话，席书半信半疑地走了。第二天，席书又来了。这次，王阳明则援引了四书五经及诸子百家的学说来解释知行的本体。席书逐渐有所领悟。这样来回听了王阳明的四次讲解后，席书忽然觉得豁然开朗，终于理解了。后来，席书和毛宪副一起将贵阳书院修缮一新。席书甚至还带领贵阳的学生向王阳明行师礼，并请他到贵阳书院讲学。

　　身居龙场的王阳明虽然处境艰难，但展现了自己高尚的品德，让当地乡民折服。而他深刻的思想也让学者们非常敬佩。可以说，

王阳明开辟了一片精神的乐土。与此同时，幸运也终于降临到他的头上。曾经陷害过他的奸臣刘瑾，由于多年行恶，最终被朝廷处死。刘瑾的余党或受到了惩罚，或被罢职。此前因进谏而惨遭流放的大臣们也都被一一召回。王阳明也升为庐陵①知县，时年三十九岁。自此，直到四十五岁的这六七年中，王阳明一直官运亨通，充分地发挥了一名政治家的才能。他在学术与教育方面的地位也越来越高。他曾自述"万死投荒不拟回"②，以为自己会一直埋没在贵州龙场那片蛮荒之地，但现在终于一阳来复了。

明武宗正德五年（1510 年），王阳明三十九岁。当年三月，他来到任地庐陵。随后，在处理政事时，他并没有一味依靠严厉的刑罚措施，而是以开导的方法为主。百姓发生纠纷，前来报官时，王阳明总是对其晓之以情、动之以理地加以开导。听了他的规劝，原本争强好胜的当事人都悔恨不已，经常哭着就回去了。被关进牢狱的人也越来越少。

如上所述，王阳明将政务与教化结合起来的做法，本身就体现了儒家学说的本义。同时，我们可以发现王阳明具有施行仁政的品德。

传说，一次庐陵城中失火，王阳明身着官服，下跪祈祷。后来，居然刮来了一阵大风，将火吹灭了。为了防范火灾，王阳明在庐

① 今江西省吉安。——译者注
② 出自王阳明诗作《游瑞华二首（其二）》。——译者注

陵采取了诸多措施。另外，他还确立了水运、巡查等制度，消除了当地种种不良的习气。即使他离开庐陵后，由他确立的诸多制度还维系了很长的时间。

在前往龙场的途中，所到之处，王阳明一直坚持讲学。这次从龙场回来，途经常德、辰州^①时，他看到以前的弟子冀元亨^②、蒋信^③、刘观时^④等人都很优秀，十分高兴，便将静坐之法传授给他们。

明武宗正德五年的十一月，王阳明入京觐见。他住在大兴隆寺，并在这里讲学，还与同道中人湛若水、储巏^⑤等人讲授致知之学。进士黄绾^⑥被王阳明的学说折服，与其结交，后来还成为他门下弟子。正德五年十二月，王阳明被任命为南京刑部主事。湛若水担心他会因此而荒废讲学，便请求吏部尚书杨一清，让其留在京师。于是，四十岁那年的正月，王阳明又被改任为吏部验封司主事。时任吏部郎中的方献夫^⑦，位居王阳明之上，因为曾听人谈论过王阳明的学说，所以在初次见面时，就对王阳明毕恭毕敬。后来，方献夫还自称王门弟子。

---

① 即今湖南怀化北部地区。——译者注

② 冀元亨（1482—1521），字惟乾。——译者注

③ 蒋信（1483—1559），字卿实，号道林，人称正学先生。——译者注

④ 刘观时，字易仲，人称沙溪先生。——译者注

⑤ 储巏（1457—1513），字静夫，号柴墟。——译者注

⑥ 黄绾（1477—1551），字宗贤、叔贤，号久庵、石龙。——译者注

⑦ 方献夫（1485—1544），字叔贤，号西樵。——译者注

　　王阳明四十岁到四十一岁，一直官运亨通，门下也聚集了众多弟子。不过，他在当时学术界的处境却十分艰难，所以要发扬自己的学说比较费力。他的学说与占据主流地位的先儒的思想学说不同：无论是他对格物致知的解释，还是他自己的主张，都有许多与众不同的地方。因此，许多儒家学者认为王阳明过于标新立异。有些素未谋面的人对他产生了蔑视与敌对的心态，甚至许多跟随他学习的人也开始质疑他的思想学说。

　　那么，此时的王阳明是如何应对的呢？可以说，王阳明的态度极其光明磊落。他曾强调："夫学术者，今古圣贤之学术，天下之所公共，非吾三人者所私有也。天下之学术，当为天下公言之。"他也是如此堂堂正正地面对天下之人的。他不卑不亢，竭力去除自己的私心与好胜之心，以至诚之心求学问道。秉持这样的态度，在与人讨论时，"不有益于他，必有益于我"。可以说，无论是在辩论朱陆学说的异同时，还是探讨儒学与佛学的合理性时，王阳明都充分阐明了自己的主张。

　　正德七年（1512 年）十二月，王阳明被擢升为南京太仆寺少卿。在前往任地的途中，他顺道回了趟家乡。当时，弟子徐爱被任命为南京工部员外郎，正要前去赴任。于是，两人一同乘船回乡。途中，两人还探讨了《大学》的宗旨。据说，听了王阳明的一席话后，徐爱顿时情绪高涨，一连数日都很激动。徐爱是王阳明的妹夫，也是他的得意门生，甚至有"王门颜回"的美誉。在王阳明远赴龙场的前一年，徐爱成了他的弟子，立志要研习王门圣学。

在经历了短暂离别后，师徒两人的情谊比以前更加深厚。王阳明当时口述的内容就是由徐爱笔录的，后被收录在现在《传习录》的上卷①。

徐爱还为《传习录》作序，内容如下："爱始闻而骇，既而疑，已而殚精竭思，参互错综以质于先生，然后知先生之说，若水之寒，若火之热，断断乎百世以俟圣人而不惑者也……"由此可见，师徒两人的惺惺相惜之情。

正德八年（1513 年）二月，王阳明四十二岁，他回到了家乡。他原本打算一回到家乡，就和徐爱一同游历天台山、雁荡山等各处名胜。不过，亲朋好友一直热情款待他，使他迟迟无法动身。正德八年五月，王阳明终于决定动身。然而，由于此时正值酷暑，他遭到了众人的劝阻。无奈之下，他只好前往附近的名胜避暑。他想等黄绾到来后，再一同前往天台山、雁荡山等地。但不知何故，黄绾始终没有来。于是，王阳明便与徐爱等人出发了。他们先从上虞到四明山，游览了白水，探寻了龙溪的源头，又登上了杖锡，到了雪窦山，登上千丈岩，眺望天姥山、华顶。后来，众人下了山，到了奉化。他们原本想取道赤城山，却发现当地久旱少雨，田地龟裂、稻禾尽枯，路边的人家都惶惶不安，一直盼望天降甘霖。见此情景，王阳明心中悲凉，不免意兴阑珊，于是租船从宁波回到了余姚。

---

① 三轮执斋校注的和刻本《传习录》上卷的第一条至第十四条就是由徐爱记录的。——原注

　　王阳明这次出游往返共计半月有余，名为游历山水，实则是为了徐爱和黄绾这两个弟子。他点拨人的方法就在游山玩水之间。从王阳明教导弟子的方法中，也能一窥他仁人的真情。

　　王阳明身居贵州龙场时，曾经有个赴京上任的无名氏带着自己的一个孩子和一个仆人路过。晚上，三人在龙场驿借宿。第二天，无名氏突然暴毙在路边。他的孩子和仆人在一旁哭泣。不久，两人也相继死去。得知此事后，王阳明出于恻隐之心，不忍让这三人曝尸野外，于是准备亲自带着两个未成年的仆役前去将三人埋葬。看到仆役有嫌弃之意，王阳明说道："你们和这三个路人不是一样的吗？"听了这句话，两个仆役顿时犹如感同身受一般，含泪与王阳明一同前往。王阳明在附近的山脚下挖了三个坑，将三人分别埋葬。他在三人的坟前摆上鸡肉和米饭等供品，还为他们作了一篇祭文。这篇祭文收录在王阳明的文集中，笔者大致看过一遍。时至今日，笔者仍然为王阳明的真诚恻怛之情感动不已。后来，王阳明用良知学说来解释真诚恻怛之情。可见，他是一个极富同情心的人。

　　正德八年十月，王阳明前往滁州监督马政。滁州因山水而闻名，是一处游览胜地。因为位置偏远，所以当地的官员都很清闲。每日，王阳明与众弟子在琅琊山与瀼泉（即六一泉）间游山玩水。一到夜间，数百人环龙潭（位于龙蟠山）而坐，歌声响彻山谷。弟子们随时向王阳明请教问题。前来向王阳明学习的人越来越多。王门游学之端也是从滁州开始的。

正德九年（1514 年）四月，王阳明离开滁州，前往南京出任
鸿胪寺卿一职。滁州的弟子都前来送行，一直把他送到了乌衣。
弟子们不忍心说过多的话，只是在江浦租房住下，等候王阳明过
江。王阳明作了一首诗《滁阳别诸友》[①]，催促弟子们赶紧回去。
由此可见王阳明与弟子间的深厚情谊。

正德九年五月，王阳明到了南京，徐爱也就此住下。两人每
日朝夕相对，师徒情谊日益深厚。此时，王阳明发现以前所讲的
静坐工夫可能会导致一些弊端，于是特意在讲学时把"存天理灭
人欲"这一内容去掉。也正是在这个时期，他开始向弟子们传授
省察克己的工夫。[②]

正德十年（1515 年），王阳明四十四岁。身居南京的他再次
上疏朝廷，希望辞官回乡。理由之一是，自己才能不够，并且身
患疾病，无法再承担重任。

在这里，有必要讲述一下王阳明的健康情况。

王阳明曾自述抱病远赴荒蛮的龙场后的情况："往岁投窜
荒夷，往来道路，前后五载，蒙犯瘴雾，魑魅之与游，蛊毒之与

---

① 《滁阳别诸友》原文如下："〔滁阳诸友从游，送予至乌衣，不能别。及暮，王
性甫（汝德）诸友送至江浦，必留居，俟予渡江。因书此促之归，并寄诸贤，庶
几共进此学，以慰离索耳。〕滁之水，入江流，江潮日复来滁州。相思若潮水，
来往何时休？空相思，亦何益？欲慰相思情，不如崇令德。掘地见泉水，随处无
弗得。何必驱驰为？千里远相即。君不见尧羹与舜墙，又不见孔与跖对面不相识。
逆旅主人多殷勤，出门转盼成路人。"——原注

② 在此期间，王阳明曾向弟子王嘉秀论述儒、释、道三教的区别。《传习录》上卷
记载了他的相关论述。——原注

处。其时虽未即死，而病势因仍，渐肌入骨，日以深积。"后来，他被朝廷召回，人生之路自此变得平坦。他的健康状况似乎好转不少。不过，他从未认为自己会完全恢复健康。他自述"其实内病潜滋，外强中槁"。四十四岁后，王阳明觉得"气体素弱，近年以来，疾病交攻"，并自述"顷来南都，寒暑失节，病遂大作"。

王阳明虽然体弱多病，却始终保持着刚强坚毅的意志。无论是为学还是为官，他一直踏踏实实、稳扎稳打。由此可见，这次他向朝廷请辞，是因为自己的生活内外都发生了许多变化。

王阳明之所以请辞，还有一个原因，即对他有养育之恩的祖母岑氏已经九十有六，时日无多。他想回去侍奉祖母岑氏，以尽孝心。对祖母岑氏的养育之恩，他一直心怀感激。每当想起祖母岑氏，思乡之情便更加深切。后来，他也曾屡屡上疏朝廷，请求回乡探望祖母岑氏。

这一年，明武宗沉迷于佛学。为祈求长寿，他从西域请来了胡僧，耗费了大量财力。对此，群臣纷纷进谏，可明武宗置若罔闻。为此，王阳明写了一篇《谏迎佛疏》。该奏疏虽然最后没有呈上朝廷，但其文笔酣畅，堪称王阳明的一大杰作。

第 三 十 二 章

南赣巡抚

明武宗正德十一年（1516 年）九月，王阳明四十五岁。他被擢升为都察院左金都御史，巡抚南赣（江西赣州府）和汀漳（福建汀州、漳州二府）等地。当时，汀漳各郡匪患横行，官府束手无策。时任兵部尚书的王琼特别向朝廷举荐了王阳明。王阳明虽然极力推辞，却没有得到朝廷的允许。于是，他只得抱病赴任，开始发挥武略之长。

接下来，笔者将尝试研究王阳明在处理军务时是如何体现自己的人格的。

赴任之时，王阳明顺便回了一趟老家。王文辕[1]见了王阳明一面后，就跟季本[2]说："王阳明此行，一定会立下赫赫战功。"

季本问道："何出此言呢？"

王文辕回答说："我见了王阳明，发现他毫无畏惧之色。"

可见，即便在生死存亡之际，王阳明也能泰然处之。

当年十二月，在前往南赣的途中，王阳明路经万安（属江西吉安府）时，率众剿灭了当地的流寇。明武宗正德十二年（1517 年）正月十六，王阳明终于到达任地。一到任地，他就在官署前放了两个匣子，在匣子前立了写有"求通民情""愿闻己过"的牌子，随后马上着手处理军务。首先，他在当地实施了"十家牌法"，

---

[1] 王文辕，生卒年不详，字司舆，也作思舆，浙江山阴人，王阳明的好友。——译者注

[2] 季本（1485—1563），字明德，号彭山，浙江会稽人，初师从王文辕，后又师从王阳明。——译者注

同时开始挑选民兵。

　　所谓"十家牌法"是用来侦察敌情的一种方法。在王阳明到任之前，南赣一带有百姓做了土匪的耳目，让土匪提前知道了官府的举动。这样一来，官府的行动往往以失败告终。王阳明得知军中有一个狡猾的老兵，便把他叫到了自己的卧房。一番审问后，老兵终于叩头谢罪，并且供出了土匪耳目的名单。王阳明将这些人一一擒拿，然后在自己的管辖区统一实施了"十家牌法"。具体而言，"十家牌法"是将每十户人家编为一组，每组共用一张牌子。牌子上写明了十户人家中所有家庭成员的籍贯、姓名、容貌特征和职业等信息。每天轮流由十户中的一户值班。负责值班的一户对照这个牌子，核查另外九户的家庭成员是否在家。一旦有异常，就必须立即报告官府。如果有隐匿不报的，十户人家都将被处以连坐之罚。

　　除了实施"十家牌法"，王阳明还发布了四条乡谕告示，旨在培养当地谦让敦厚的民风。可见，他特别注重对当地百姓的教化。

　　王阳明之所以要挑选民兵，是因为官府以前讨伐江西匪乱时，都是特意从广西雇佣狼达上军（又被称为"狼兵"或"狼土兵"），往往耗资巨大。另外，这类狼兵原本就是从无赖、流氓之中招募而来的，他们骄横霸道，难以管理，时常荼毒良民。因此，王阳明命令各州府从百姓之中挑选骁勇善战者，组成民兵，并严加训练。

到任后仅十天内，王阳明就实施了上述措施。等一切准备就绪后，他计划首先清剿最猖獗的漳州一带的土匪。他传檄给湖广、广东、福建三省后，愤然起兵，从各路挺进。在正德十二年二月二十九日的象湖山战役中，王阳明还亲自督军，指挥军队与死守险要之处的强悍匪军展开了殊死搏斗。王阳明的军队势如破竹，将各处的匪巢一一扫荡，杀死土匪七千余名，俘获土匪无数，最终将横行于漳南一带几十年的土匪全部清剿。王阳明自正德十二年二月出师，四月就凯旋，如此速战速决也是前所未有。

率军班师时，王阳明曾在上杭驻扎休息。他发现当地久旱少雨，便在行台①祈雨。结果，上杭连下三天雨。当地百姓喜出望外。有司将王阳明祈雨的地方命名为"时雨堂"。所谓"王师若时雨"就是出自此事。

无论是做学问、教育弟子，还是处理政务，王阳明首先着眼于关键之处，然后从此处着手，这是他一贯的行事风格。他在指挥作战时也是如此，因此才能速战速决。

出于"习战之方，莫要于行伍；治众之法，莫先于分数"的想法，王阳明于正德十二年五月重新整顿了军队。为了让全军能够上下一心，统一行动，治众如寡，他明确了每个军官的职务与权限。

为了振奋军心，王阳明强调赏罚分明。他上疏朝廷，提及"盗贼之日滋，由于招抚之太滥；招抚之太滥，由于兵力之不足；兵

---

① 出征时于军队驻扎之地设立的临时性机构。——译者注

力之不足，由于赏罚之不行"。他认为，应该将赏罚之权交给主将，以便于军队行动。另外，他还希望朝廷赐给自己令旗令牌，"特乞假臣等以令旗令牌，使得便宜行事。如是而兵有不精，贼有不灭，臣等亦无逃其死"。

王阳明认为，土匪久居险要之处，终酿成大患，贻害百姓，虽然现在幸运地清剿了各地土匪，但如果不采取抚背扼喉之策，不到一年，各地的匪患又会猖獗。于是，他上奏朝廷，请求在河头新设清平县，同时将河头的巡检司移到枋头①。因为河头是各土匪巢穴的咽喉之地，而枋头又与河头呈唇齿相依之势，所以兵部尚书王琼也非常赞成王阳明的建议，就覆奏朝廷，希望完全采取其建议。于是，朝廷将王阳明的巡抚一职改任为提督，并赐他令旗令牌，以便行事，同时批准设立新县。当时，镇守太监毕真想要前去监督王阳明执行军务的情况，但遭到了王琼的反对。王琼上奏说，兵法被他人掣肘乃大忌，万万不可如此。朝廷也采纳了王琼的意见。这样一来，王阳明便越发能在处理军务时大显身手了。

漳寇已平，王阳明原本打算起兵继续清剿附近的其他土匪，但之前他曾发布告示，让土匪归顺。他不忍心伤及无辜，告示也写得情深意切。有的土匪头目读了王阳明的告示后非常感动，便亲自率兵前来投诚，希望以死报恩。

---

① 即芦溪枋头坂，今福建省漳州市平和县芦溪镇漳汀村。——译者注

　　王阳明在处理军务之余，还上奏要求立法以疏通盐法，并请求处理南赣的商税问题。他发现当地法制不够健全，导致官商勾结，损害了国家与百姓的利益。他基于详细的数据，细致分析内情。可见，他在处理政事方面有着卓越的才能。由此也可以得知，他绝不是不拘小节的武将，也不是粗心的政治家。

　　南赣一带多深山老林，地势险要，给土匪筑巢提供了便利。西面与湖广、桂阳交界的桶冈和横水等地有匪患，东面与广东龙川交界的浰头有匪患。横水的土匪头目谢志珊、桶冈的头目蓝天凤、浰头的头目池仲容都自立为王，拥众兵占据了险要之地。他们出入无常，肆意劫掠百姓。官军虽然屡屡讨伐，却始终不能取胜。当时，湖广巡抚陈金曾经上奏，请求汇集三省之师，对桶冈形成夹击之势，然后歼灭土匪。但王阳明仍然坚持要从首要之处入手，并指出："桶冈、横水、左溪诸贼荼毒三省，其患虽同，而事势各异。以湖广言之，则桶冈诸巢为贼之咽喉，而横水、左溪诸巢为之腹心。以江西①言之，则横水、左溪诸巢为贼之腹心，而桶冈诸巢为之羽翼。今不先去横水、左溪腹心之患，而欲与湖广夹攻桶冈，进兵两寇之间，腹背受敌，势必不利。今我出其不意，进兵速击，可以得志。已破横水、左溪，移兵而临桶冈，势如破竹矣。"②他制订了作战计划，决定先攻打横水。不过，他担心

---

① 　江西此时是王阳明的任地。——原注
② 　见黄绾：《阳明先生行状》。——译者注

涮头匪患会从背后偷袭，于是派人去招抚涮头的土匪头目池仲容。为了让池仲容安心，王阳明还赐给他白银、布匹。同时，王阳明部署军队，命令各哨将士于正德十二年十月七日一起合围横水。

在赣州的都督院处理军务之时，王阳明还会抽空去附近的弓箭场。在那里，他与诸生讲学或练习射箭，直至深夜。到了第二天早晨，学生们又会来都督院向王阳明行礼请安。出兵横水的前一晚，王阳明仍然坚持与学生们讲学。学生们见王阳明一直久坐，担心他过于疲劳，于是请他早点休息。王阳明欣然答应，回到了都督院中。第二天早晨，学生们再次来到都督院，准备入内向王阳明请安，却听门口的守卫说："王公昨夜回到院中不久，便率兵出发了。还不知道他现在率军到了何处，应该已经走了二十多里路了吧。"

出征的前一晚，王阳明还与学生们讲学，直至深夜。他一夜未眠，就直接率兵出征。他虽然身体多病，但如此从容不迫、神机妙算、精力充沛。我们在感慨之余，也能一窥王阳明先生的哲人本色。

明武宗正德十二年十月九日，王阳明到达南康。他俘获了一个叫张保的木工。此人长期替土匪修建棚寨。王阳明对他恩威并施，并晓以利害，让他坦白匪巢所在。面对王阳明的不杀之恩，张保感激不尽，于是将崇山峻岭中各处敌寨的位置及上下进退的路线，都一一画在图上。王阳明派探子前往各处打探敌情，并综合分析搜集到的各类信息。他认为土匪如果发现官兵突然到达，

一定会严防死守。于是，他命令军队行进到距离敌寨三里的地方后，就地伐木，围上栅栏，同时挖沟作为障碍，伪装成好像要长久驻扎下来、准备围攻的样子。果然，土匪放松了戒备。王阳明又派兵从小路行进，并让他们潜伏在各处。到了第二天，士兵们从四面八方冲上去，一边奋力喊叫，一边朝寨中放火，吓得土匪仓皇而逃。王阳明的军队一直前进，接连攻破了许多敌寨。不料到了第二天，忽然下起大雨，还起了大雾，看不清前路。王阳明马上命令军队休息，同时派了几十个熟悉地形的人继续侦察敌情。雨一直下了好几天，始终没有放晴。负责侦察敌情的士兵来报，土匪们在悬崖峭壁处安营扎寨，还有许多土匪聚集在未被攻破的寨子里。

　　按照原先的计划，在桶冈集合的时间是正德十二年十一月一日。眼看时间紧迫，众将士一时有些不知所措。王阳明说："此地距离桶冈还有十余里。山路崎岖，需花费三日才能到达。如果不剿灭此处的土匪，直接进攻桶冈，到时候一定会腹背受敌，分身乏术。"他命令军队在大雾之中行进，然后从十月十六日起开始发起总攻。将士们一路上屡战屡胜，终于在十月二十七日剿灭了横水所有敌寨的土匪，并且俘获了土匪头目谢志珊。

　　王阳明命令在军营大门处将谢志珊立即斩首。行刑之前，王阳明问他："你一介小民，何以召集如此多的兵力？"谢志珊回答："这有何难？我平日一见了好汉，便不会轻易放过。一定会千方百计向他示好，和他结识，或请他尽情饮酒，或帮

他解乏。待其感恩戴德后，我便会告诉他我的真实意图，这样他们都高兴地归顺于我。我本来有五十多条好汉，现在都被杀掉了。时至今日，我已束手就擒。大明天子真是洪福齐天，我也毫无怨尤。"说完，他闭上眼睛，坦然受刑。王阳明很是感慨。后来，他还对弟子说："吾一生求朋友之益，岂异是哉？"确实，为了结识有为的同道中人，王阳明也是如此努力。如上所述，王阳明出师才二十天，便以迅雷不及掩耳之势取得了出色的战绩。

横水的匪乱被平定后，众将请求乘胜追击，攻打桶冈。王阳明认为："桶冈地势险要，四面都是万仞绝壁，与其贸然进攻，倒不如在附近驻扎下来，休养生息，同时去桶冈招降，这才是上上之策。土匪看见我军屡战屡胜，一定会畏惧而投降。在他们迟疑之时，再偷袭也不晚。"于是，他派人前往桶冈，招降土匪头目蓝天凤，并将答复日期定为十一月一日。由于不喜欢靠武力来博取功名，王阳明采取了怀柔政策。土匪头目蓝天凤一听来人的意思，心中大喜，当即就有投降之意。不过，因为当时有下属反对，所以他一直犹豫不决。在答复日期的前一晚，下起了大雨。蓝天凤估计王阳明不会进攻，便疏于防备。

然而，一到十一月一日，王阳明的军队就冒雨从四面八方进攻而来。蓝天凤大吃一惊，叹道："王公真乃用兵如神！"他赶紧派兵在险要之处布防，可为时已晚，这些地方都被王阳明的各路人马一一攻破。仅十三天，桶冈的所有匪巢都被一一清剿。最后，土匪头目蓝天凤只得跳崖自尽。溪谷里都是土匪的尸首。

原本湖广方面让参将史春指挥先行军参与会战。史春率军行至彬州时，便收到了消息，得知王阳明已经肃清了土匪。他非常震惊，说道："原本以为集合三省的兵力夹击桶冈，花上一年也未必能歼灭所有土匪。没想到王都院的军队早上出发，晚上就剿灭了桶冈的全部土匪，就好像秋风扫落叶一般，真乃天人啊！"

明武宗正德十二年十二月，王阳明凯旋。行至南康时，当地百姓纷纷前来，大家偕老扶幼，在路上焚香叩拜。百姓们感谢王阳明清除了匪患，让他们得以安枕无忧。王阳明所到的各州各县，都为他修建了生祠；远乡的百姓则在自家的祠堂里摆上王阳明的像，逢年过节便会叩拜。同年闰十二月，王阳明上疏朝廷，请求新设一县，并增加三处巡检司。朝廷悉数采纳。

话说王阳明率军大破横水，迫近桶冈，眼看就要攻打浰头时，浰头的土匪头目池仲容恐惧不已。他派弟弟池仲安，携两百余名老弱向王阳明诈降，并请求将功折罪，实则是让他们一旦有了机会，就与自己里应外合。此时，王阳明正率军攻打桶冈，他表面上接纳了池仲安等人，并吩咐他们，一旦遇见逃跑的桶冈土匪，就用心截杀，以此戴罪立功。王阳明故意将这支"降军"安置在离浰头土匪最远的地方，中间有己方军队相隔，让他们无法再与浰头土匪联系，同时表面上给他们安排了任务，好让他们安心。这正是王阳明的计策。

平定桶冈匪患后，王阳明开始计划剿灭浰头的土匪。他心中早已有一个妙计。军队凯旋，王阳明对官兵论功行赏，并让他们

休整一段时间，并宣布不会再有战事。百姓们载歌载舞，歌颂来之不易的太平生活。王阳明接受池仲安等人为新归顺的良民，并让他们回到池仲容处。另外，他赏赐了池仲容，同时派人去劝说其前来谢恩。池仲容心有怀疑，于是带着九十三名壮士一起来拜见王阳明。王阳明劝他们留宿，每天假意用好酒好菜款待他们，还赏赐了许多财物。池仲容等人每天过得十分逍遥自在。转眼到了新年，池仲容等人更加放松警惕。就在他们完全放松警惕之时，王阳明派人将其捉住，并立即处斩。王阳明将池仲容视为"众贼奸雄之巨擘，三省群盗之根源"。为了捉拿池仲容，王阳明一方面做了非常周到的准备，一方面又亲自与他接洽，不断笼络他，最后不费一兵一卒把他捉住，真可谓深谋远虑。

王阳明处决了池仲容，然后对官兵论功行赏。一切完毕，就在准备退出大堂时，他突然昏倒在地。左右手下一看，大吃一惊，赶紧去扶他。他被扶起来后，仍然呕吐不止。众将官来到私衙，询问王阳明的情况。王阳明说："可能是连日操劳所致，也不是别的病。"他喝了一些稀粥，静坐了一会儿，身体才稍有恢复。

将士们仍然严阵以待。当晚，王阳明直接发檄，催促各路将士于本月七日在三浰会合，前去剿灭匪窝。临近会合之日，王阳明亲率帐下官兵出征。当天，他写信给弟子薛侃[①]，其中有如下内容，表达了他满腔的英雄气："即日已抵龙南，明日入巢，四

---

① 薛侃（1486—1546），字尚谦，世称中离先生。——译者注

路兵皆已如期并进，贼有必破之势。某向在横水，尝寄书仕德云："破山中贼易，破心中贼难。"区区剪除鼠窃，何足为异？若诸贤扫荡心腹之寇，以收廓清之功，此诚大丈夫不世之伟绩。数日来谅已得必胜之策，捷奏有期矣。何喜如之！"①

王阳明率军出征，到了正德十三年（1518年）三月，便扫平全部匪巢。在扫平匪巢的前两日，王阳明估计余党即将被清剿完毕，于是上疏朝廷，请求辞官回乡。由此可见，为了尽忠报国，他带病出征，导致病情加重。

王阳明之所以带病出征是为了感谢朝廷的信任，甘心为国效犬马之劳。他曾经叙述自己出征后的情况："驱驰兵革，侵染瘴疠，昼夜忧劳，疾患愈困……前后一岁有余，往来二三千里之内，上下溪涧，出入险阻，皆扶病从事。"可即便如此，他仍然带病出征。他说："诚以朝廷初申赏罚之请，再下提督之命，惟恐付托不效，以辜陛下听纳之明，负大臣荐扬之举。且其时盗贼方炽，坐视民之荼毒而以罪累后人，非仁也；己逃其难而遗以艰，非义也；徒有其言而事之不酬，非忠也。故宁委身以待罪，忍死以效职。"现在，眼看就要把浰头土匪余党清剿完毕，王阳明觉得自己的重任也即将完成，于是在奏疏中写道："但惟臣病月深日亟，百疗罔效，潮热咳嗽，疮疽痈肿，手足麻痹，已成废人。"②他希望

---

① 见《与杨仕德、薛尚谦》。——译者注

② 见《乞休致疏》。——译者注

凯旋之日，自己能够卸任，并回乡休养。但他的请求仍然没有得到朝廷的批准，因此，只得继续留在任地处理政事。

浰头匪患被清剿后，王阳明直接在当地设县，同时在险要之处派兵防守。正德十三年四月，王阳明凯旋。至此，王阳明管辖的各地区的土匪都被剿灭。他制定了相应的施政方针，然后开始推进社会教化工作。他向所管辖的各县发布告谕，让百姓们互相勉励、共同学习。他兴办社学^①，聘请老师，让孩子们学诗习礼。学有所成的人还会获得嘉奖。渐渐地，百姓们都熟悉了冠服制度，街头巷尾早晚都可以听见有人吟诗，各县都逐渐形成了礼让的民风。

正德十三年七月，朝廷论功行赏，擢升王阳明为都察院右副都御史，恩赐其子为锦衣卫百户。王阳明请求辞退封赏，但没有得到批准。此前，他一直忙于剿匪，无法安心讲学，现在终于可以和薛侃、欧阳德等二十几位弟子探讨学问了。师徒数人一直聚在一起。正德十三年七月，军队调回，士卒得以休息。于是，王阳明继续专心讲学。他每日讲授《大学》的主旨，并让已经悟道的弟子刊刻了古本《大学》和《朱子晚年定论》。正德十三年八月，弟子薛侃刊刻了《传习录》。许多外地人前来向王阳明求学。刚开始，他们都住在射箭场。但求学的人越来越多，射箭场逐渐无法容纳了。九月，濂溪书院建成。求学的人便可以住在书院里。

① 社学以教化为主要任务，主要教育十五岁以下的少儿。教学内容包括御制大诰，本朝律令，冠、婚、丧、祭等礼节及经史历算之类。——译者注

也正在这时，江西名士邹守益拜王阳明为师，成为王阳明的弟子。

　　在此期间，发生了一件让王阳明深感悲痛的事情。他的得意弟子徐爱去世了。徐爱出任南京工部郎中时，就已经患病，后来一直告假养病。徐爱曾与同门陆澄商量，打算一边种田，一边等待老师王阳明凯旋，不料早早地撒手人寰，年仅三十一岁。得知徐爱的死讯后，王阳明悲痛欲绝。后来，每每谈起徐爱，王阳明总是非常悲伤。他为徐爱写了祭文，字字句句表露了与弟子的深情厚谊及悲痛之情，让读者也不禁潸然泪下。

第 三 十 三 章

平定宸濠之乱

王阳明剿灭了让朝廷苦恼多年的南赣贼匪，可以说是为民除害，立下了赫赫功劳。接下来，他更是平定了宁王朱宸濠发动的叛乱，扭转了大明王朝的危难局面，立下了显赫功勋。朱宸濠的先祖朱权是明太祖朱元璋的第十七子，因其封地为"大宁"，所以称"宁王"。朱权去世后，他的子孙继承了封地和封号，形成了世居江西南昌府的宗藩。朱宸濠聪明、精通诗书、善歌赋，可惜尚武嗜利、横行霸道。曾有一位术士说他有帝王之相，这助长了他的虚荣心，也让他起了谋反之意。他开始一边用重金收买朝臣、招募谋士，一边募集军备物资、训练勇士。

时任兵部尚书的王琼察觉出了宁王朱宸濠的异样，于是开始整顿军备，同时命令各路人马严加警戒。王阳明也发觉朱宸濠很可疑，便派弟子冀元亨以节日送礼为名，前往宁王府打探情况。朱宸濠素来就与王阳明有交往，也想拉拢他，于是热情款待了冀元亨，还向其透露了谋反之意。冀元亨佯装不知道宁王的本意，只是跟他讲解格物致知之学，一心想要劝他放弃邪念。朱宸濠不以为意，说读书人居然傻到如此地步，便与冀元亨断绝了来往。宁王妃娄氏生性贤德，夫妻两人一直相敬如宾。得知朱宸濠有谋反之心后，娄氏一直苦苦劝谏，但朱宸濠置若罔闻，继续密谋造反。明武宗正德十四年（1519 年）六月十四日，朱宸濠杀掉了江西巡抚孙燧和江西按察副使许逵，正式起兵造反。他号称拥兵十万，并发檄各地，指斥朝廷，改年号为顺德，以重爵厚赏劝诱各地官员归顺自己，之后一路所向披靡，直接威胁到国家的安全。

王阳明时年四十八岁，身处南赣。到了春天，他的病情依然没有

缓解。他曾自述："呕吐潮热，肌骨羸削，或时昏眩，偃几仆地，竟日不惺，手足麻痹，已成废人。"此时，他的祖母岑氏已经百岁高龄，因病卧床不起。王阳明思念祖母岑氏已久，一直想见她最后一面。他向朝廷上奏，说自己"悲苦积郁，神志耗眊，视听恍惚，隔宿之事，不复记忆"[①]，并请求辞职还乡，可是始终没有获得批准。

明武宗正德十四年六月，王阳明奉命去镇压福建的叛军。他于六月九日出发，六月十五日到达丰城后，便得到了宁王朱宸濠谋反的消息。王阳明在赶往福建的途中，原本准备于六月十三日参加朱宸濠的寿宴，这也是之前的惯例。但出发时，王阳明的随从忘记携带御赐的印章，一直走到半路才发觉，于是返回去取，导致行程被耽搁。倘若按照原先的计划准时赴宴，王阳明肯定会和巡抚孙燧、按察副使许逵一样，被宁王朱宸濠杀掉。真可谓万般皆是命，半点不由人。

丰城离朱宸濠所在的南昌仅十二里。王阳明认为，此时只能赶紧离开丰城，待日后再起兵讨伐叛军。他命令船夫赶紧开船离开。可船夫听闻宁王朱宸濠叛变，十分害怕，一直推托，始终不肯开船。王阳明勃然大怒，准备挥剑杀掉船夫。船夫这才急忙开船。途中，王阳明换乘了一艘渔船，继续前行。朱宸濠想将王阳明这样的人才纳入麾下，急忙派人去追赶。不料，王阳明早已乘船离开，到了临江。

临江知府戴德孺见了王阳明，便向他请教防御之策。王阳明说："宁王可以使用上、中、下三策。上策是趁着现在士气锐不可当时，出其不意地直趋京师，到时候宗庙社稷就危在旦夕了。中策是直接攻打南京，这样的话，大江南北的百姓都会遭殃。下策是死守江西

---

① 见《乞放归田里疏》。——译者注

省城南昌。不过，一旦讨伐他的军队在四面聚集，他就会像釜中之鱼，只有死路一条。"

戴德孺问道："依您看，宁王会用哪种计策呢？"

王阳明回答："宁王没有什么作战经验，肯定会畏首畏尾。如果我们伪造兵部文书，说要发兵攻打南昌，他一定会死守，不敢出来。数十天之内，一旦朝廷官兵赶来，便可大破宁王叛军。"他目光如炬，早已稳操胜算。

王阳明乘船行进了四天四夜，终于到了吉安。他与吉安知府伍文定①、弟子邹守益等一同商议，然后传檄四方，讨伐朱宸濠。同时，他招募士兵，并且上疏朝廷，报告朱宸濠叛变的消息。另外，他还命人布下疑阵，伪造公文，说各地已经调集了士兵，只等朱宸濠一出城，便会对其前后夹击。他还故意让朱宸濠知晓上述公文的内容，让他不敢轻易出兵。

其间，弟子邹守益前来拜见。邹守益说："听说宁王会邀叶芳②的军队来夹击吉安。"王阳明认定叶芳绝对不会反叛朝廷，去投靠朱宸濠。然而，邹守益还是不放心，他说："叶芳也希望跟随宁王平步青云，飞黄腾达。今时不同往日，不能按照寻常情况估计。"王阳明沉默良久，说道："天下尽反，我辈固当如此做。"大义当前，王阳明不为形势所动，他的一番话也让邹守益马上放下了心中的利益得失。

王阳明把家人留在吉安的官邸。为了避免家人日后遭到敌人的凌

---

① 伍文定（1470—1530），字时泰，号松月，松滋人。——译者注

② 叶芳原为流寇小头目，后归顺官府，协助扫荡赣粤闽湘边区各山寨武装，后又成为南赣地区实力最强的民间武装首领，是王阳明巡抚南赣期间重要的支持者。——译者注

辱，他在官邸四周堆上了木柴。他命令守卫官邸的将士，一旦得知自己战败的消息，就马上点火。可见，他大义凛然，早已下定决心，要与敌人展开殊死一搏。

朱宸濠还没完全放弃拉拢王阳明的想法。曾经与王阳明同在一军的参政季敩[①] 刚刚投靠朱宸濠，朱宸濠便派他去招降王阳明。在前往吉安的途中，季敩差点被王阳明的哨兵俘获。眼看无法达成目的，季敩便逃了回去。王阳明得知后，非常感慨，说道："季敩之前讨贼立功，是忠臣；今日却受叛贼驱使，听其命令，便是叛臣。为舜为跖，毫厘千里，岂不可惜。"

知府伍文定请求王阳明尽快出兵。王阳明说："此时宁王大军的士气正锐不可当，不能急攻。务必在此处伪装成死守而不出战的样子，诱使他离开南昌老巢后，我们再围攻南昌。等他得知消息后，势必会返回救援。到时候我们再正面迎击。这就是兵法中说的'致人而不致于人也'。"

王阳明仍然采取如前所述的"从关键之处着手"的战略方针。他一方面让士兵加强防守，另一方面则派人打探南昌方面的消息，同时使出离间计来挑拨朱宸濠与谋士之间的关系。首先，他假装给朱宸濠的谋士李士实、刘养正写密信，在信中说想让他们做内应。另外，他伪造了李士实、刘养正答应做内应的密信，并且故意让这些信落到了朱宸濠的手中。同时，他派手下前往安福县，把刘养正的孩子接到吉安，

---

① 季敩曾出守江西南康府。当时，其所属郡县匪患猖獗。督抚王阳明调兵征剿，命季敩出兵剿匪。季敩率兵大破多处匪巢。因此，王阳明奏请朝廷，擢升季敩为广西参政。——译者注

加以厚待，让朱宸濠生疑。后来，朱宸濠果然中计了，便很少采纳李士实、刘养正两人的建议了。

正如王阳明估计的那样，谋士李士实等人建议朱宸濠要么直接杀到京师，要么首先占据南京，因为一旦攻下这些关键的地方，就能号令天下。原本朱宸濠想听从他们的建议，可后来中了王阳明的计谋，误以为官军已经从四方云集，所以不敢轻易离开南昌。过了几天，朱宸濠尝试性地率军进攻周边地区，居然顺利地攻下了南康和九江。他喜出望外，以为自己胜券在握。此时，他还没有得到官军云集的消息，这才明白王阳明此前是在放假消息，于是信心大增。他一方面派人严守南昌，另一方面亲率大军并带着娄妃和世子等人，于正德十四年七月二日向南京方向行进。宁王大军一路上旌旗飘扬，浩浩荡荡地沿江东下。

宁王大军首先包围了安庆。守卫安庆的张文锦和杨锐等人骁勇善战，率军与宁王大军激战。张文锦认为不能让朱宸濠直接攻打南京，于是采用了各种策略阻碍他，还派士兵在城头大骂朱宸濠。朱宸濠勃然大怒，心想：如果连小小的安庆都攻不下来，何以攻下南京。于是，他亲自运土，填平护城河，誓死要攻下安庆。

王阳明手下的众将听说安庆告急，请求前去救援安庆。王阳明不同意，他说："现在九江、南康都被宁王大军占据，而且南昌城中精兵强干、食物充足。我军如果到了安庆，贼兵势必回军死战。而安庆城内兵力仅能自足，无法来鄱阳湖援救我军。此时，南昌兵力会断绝我军粮道，再与宁王在九江和南康的兵力集合，势必使我军孤立无援，陷入死地。现在各地官军逐渐汇集，如果合力攻打，一定能攻下南昌。

到时，贼兵一定会慌忙返回来援救南昌。这样一来，安庆之危自然可解，我军也可以趁势将宁王一举拿下。"这正是王阳明的"围魏救韩"之计。

此前，王阳明派人侦察了南昌的敌情。这一行动看起来卓有成效。无论是宁王大军的守卫情况，还是伏兵所在之处，王阳明都了如指掌。于是，王阳明计划于正德十四年七月十三日从吉安出兵，并与诸位将士约定于十五日在临江府的樟树镇集结。

王阳明因积劳成疾，无法亲自登台召开誓师大会。无奈之下，他只好将命令写在牌子上，交给伍文定等人。牌子上写着："若有士兵不听命，斩其队将；若有队将不听命，斩副将；若有副将不听命，斩主将。"王阳明还补充道："军中无戏言，该命令一定要执行。"

王阳明率大军行至丰城后，病情稍微有所缓解。他把军队分为十三哨，并指导将士们如何进攻与防守。同时，他命令将士们，于七月二十日黎明时分从各处进攻敌人。军令一发，王阳明便杀掉了几个违抗军令的人，还将首级悬挂在军营门口。士兵一看，都十分害怕，马上对王阳明肃然起敬。实际上，被斩首的几个人都是此前被俘的敌人。可见，王阳明的谋略深不可测。军队一路往前行进，途中还大破宁王的伏兵。

按照王阳明制订的计划，大军于七月二十日向南昌发起总攻。进攻之前，他重申了军令，并且下令："一鼓攻城，二鼓登城，三鼓诛其队伍，四鼓诛其将。"将士们都知道王阳明军令严格，听到鼓声第一次敲响，便立即冲向南昌城。伍文定的士兵顺着绳梯，率先登上了城头。随后，各路将士一同奋战，夺下了南昌城。进城后，将士们活捉了包括宜春王朱拱樤、宁王的三儿子和四儿子在内的一千余人。见

南昌城失守，宁王府的人都惊慌失措。许多人甚至试图放火自尽。王阳明径直入城，并传令给各官员，让他们分道救火，安抚百姓。等大火熄灭，王阳明马上命人封了宁王府的金库，同时保证秋毫不犯，这才使城内人心稳定下来。

宁王朱宸濠听闻南昌告急，非常震惊。他赶紧撤下了围攻安庆的军队，并且亲率大军返回援救。得知消息后，王阳明立即召集将士们商议对策。众人都说："贼军士气正盛，我们既然已得南昌城，便可以在此处敛兵据守、加固城防，等四方援兵一到，再攻打贼军也不迟。"

王阳明看问题更加彻底，他说："这样似乎不妥。虽然贼军占据上风，但不曾遇过大敌，只是以官爵赏赐收买人心而已。他们现在进不可攻、退不可守，早已士气消沉。如果出其不意地发起进攻，一定能挫其锐气，其余将士也会不战而溃。所谓'先人有夺人之气'也。"

此时，各地官军已经赶到，都加入了王阳明的军队。王阳明制定了迎击宁王大军的作战方针，决定于七月二十四日到二十六日在鄱阳湖与宁王大军展开大战。其中，二十五日那天的战斗尤其激烈。

当时，宁王大军来势汹汹，并且风势不利于王阳明的军队。一些将士临阵退却，导致数十人死亡。王阳明一见，立即下令将逃兵斩首。伍文定等人慨然站在炮火之中指挥作战，连胡须都被火焰燎到了，但毫不畏惧。全体将士奋勇向前，与宁王大军展开了殊死战斗。王阳明军队的炮火击中了朱宸濠所在的战船，吓得朱宸濠赶紧撤退，聚兵屯于樵舍①。为了防御，朱宸濠下令将所有战船连在一起形成方阵。当晚，伍文定等人事先装备好了用于火攻的武器，第二天一早，便从四面八

---

① 即今江西新建县东北七十里樵舍镇。——译者注

方对朱宸濠的方阵发起猛烈攻势。

朱宸濠一看大势已去，只好逃跑。此时，他后悔不已，哭着与娄妃诀别，说："昔日有人听妇人之谗言而亡国，我却因不听爱妃之规劝，即将沦为阶下囚。"娄妃听后也泣不成声，说道："殿下多保重，不用担心臣妾。"说完，便领着数名侍女投湖自尽了。听了娄妃一番深情的遗言，朱宸濠更觉心如刀割。

朱宸濠换上了便装，仓皇之中，他发现芦苇丛中有几艘渔船，便跳上了其中一艘。不料，这是王阳明设下的陷阱：渔船其实是军船伪装的。只听船上一声哨响，大批军船马上从四面八方围拢而来。朱宸濠一见，知道自己难逃一死，便立即跳入湖中，企图自尽。不料水位太浅，他没有淹死，最后被士兵生擒。

士兵将朱宸濠带到王阳明面前。他向王阳明一拱手，说道："我罪已至此，甘心受死。不过娄妃贤德，此前一直对我苦苦相劝。她已投水而死，还望先生将她厚葬。"王阳明立即派人打捞娄妃的遗体，将其葬在湖口县城外。世人将此墓称为"娄妃墓"。

自吉安起兵，到正德十四年七月二十六日，王阳明仅用了十四天，便成功平定了宁王朱宸濠之乱。自古以来，平定叛乱还没有如此神速的例子。弟子邹守益特意前来祝贺："恭喜老师成百世之功，扬千载之名。"王阳明说："谈不上什么功名，只是昨天我终于可以睡个安稳觉了。"自从得知宁王朱宸濠谋反以来，王阳明日夜操劳，直至叛乱平定才能安枕无忧。可见，他有着绝不居功自傲的高尚人格，并且一旦某件事情结束，便不再执着于此。在他看来，能够安枕无忧就是最大的乐事。换作我们这些凡夫俗子，一定会居功自傲，夜不能寐。

　　据邹守益说，与朱宸濠在鄱阳湖交战之时，王阳明一直稳坐于中军帐中，与同道讲学。探子来报，说前方失利，所有人都大惊失色，只有王阳明神色自若，继续讲学。过了一会儿，探子又来报，说大破敌军，所有人都面露喜色，而听到消息后的王阳明，仍然神色自若，继续与众人讲学。在生死存亡的大战之时，王阳明仍然镇定自若，可见他拥有如此高贵的人格，能够采取巧妙的作战策略，指挥士兵取得如此神速的成功，绝非偶然。

第三十四章

群奸诘难

宁王朱宸濠发动的叛乱是威胁大明江山社稷的一件大事。在此之前，明朝也发生过类似的事件：明成祖朱棣也是通过类似方式篡夺了帝位。因此，宁王朱宸濠叛乱发生时，各地官员一直在观望。假如没有王阳明维护大义，力主勤王，亲自承担起讨伐叛贼的重任，局势会如何发展，实难预料。可以说，王阳明有匡扶社稷之功。然而，人生总是波澜起伏，命运也总是错综复杂。王阳明因这次功劳而陷入了极端的逆境之中。与他在平定宁王朱宸濠之乱时的处境相比，他此时的处境更加艰难。他的良苦用心引来了祸端，而与此同时，他越发显示出自己的崇高人格。我们也可以从中获得更多的启发。

在这里，笔者必须简要叙述一下王阳明在此期间的一些经历。

话说宁王朱宸濠叛乱的消息传到了京师，一些受过朱宸濠的贿赂并与其暗中勾结的大臣，一直在徘徊观望，并没有指责其罪过。朝堂之上，只有大臣王琼主张尽快讨伐宁王朱宸濠。王琼正色道："竖子平素多行不义，现在仓促作乱，只是自取灭亡。王守仁早已占据上风，势必会剿灭贼子，不日将会传来捷报。他请求京师出兵不过是以壮声威。"

此外，明武宗原本就有亲征之意。他任命许泰为军马都督，江彬、张忠、魏彬等人为提督，刘晖为总兵官，并命太监张永协助谋划机密事宜，还任命了其他军官。朱厚照让他们率兵作为先行军前往战场。军队行至临清时，收到了王阳明的捷报，说朱宸濠已被擒。许泰、江彬、张忠等人认为他们好不容易出发，却没

有建立任何功劳，实在颜面无光，于是暗中呈上一道奏疏，请求朱厚照御驾亲征，顺便欣赏江南的景致。

与其说朱厚照年轻气盛，毋宁说他是稚气未脱、放纵任性。他既想立下赫赫军功，又想在江南游山玩水，所以自称"总督军务、威武大将军、总兵官、后军都督府太师、镇国公"，决定御驾亲征。由于此时朱宸濠的叛乱已被平定，亲征之说并不成立。于是，许泰、江彬、张忠等人便提出了一个如同儿戏的做法：让王阳明将朱宸濠释放于鄱阳湖，等御驾到达后，再由圣上亲自将其擒拿，这样也可以让圣上的英武之名载于史册。对此，许多朝臣苦苦劝谏，极力阻止御驾亲征。但朱厚照置若罔闻，甚至对有些朝臣处以杖刑，导致一些朝臣命丧黄泉。

得知朱厚照即将御驾亲征的消息，王阳明向朝廷上了一道奏疏。在奏疏中，他指出："此时南方民力已尽疲，御驾亲征必将责以供饷，到时百姓穷困潦倒至极，恐怕会逃到山谷聚集起来。一旦有人作乱，再加上奸党响应，恐怕事情会一发不可收拾。加之现在西北边境告急，希望圣上考虑国家安危。另外，沿途可能有余党埋伏，企图刺杀圣上。希望圣上万万不要御驾亲征。献上俘虏本来就是国家常典，也是臣子常职，所以下臣将于九月十一日出发，将朱宸濠等人带到朝堂之上。"王阳明按照自己原先的计划行至常山的草萍驿时，得知御驾已经出发，便加快了行程。

御驾行至淮徐时，许泰、江彬、张忠等人收到了王阳明的奏疏。他们向朱厚照密奏说："陛下好不容易御驾亲征，现在

却无贼可拿，一定会成为天下的笑话。我们让王阳明先放了朱宸濠，然后再把他捉住。"朱厚照采纳了这几人的建议，命锦衣卫千户携带自己的威武大将军令牌，前往王阳明处，将朱宸濠带回。

在严州，王阳明见到了锦衣卫千户。自此，王阳明陷入了人生的逆境。他的手下建议说："威武大将军的令牌是当今圣上的。令牌到了，就相当于圣旨到了。作为礼节，您务必要亲自出迎。"王阳明却说，以自己的级别、职位，不应该亲自去迎接大将军。许多人担心王阳明如果不出迎，会惹罪上身，所以苦苦相劝。无奈之下，王阳明只得出门迎接。手下人问王阳明，应该送给锦衣卫千户多少见面礼。王阳明认为五两黄金足矣。手下说，对方一定会拒绝，并且会生气。王阳明毫不在意，嘱咐手下人如此行事便可。后来，锦衣卫千户果然勃然大怒，并且拒绝收下这五两黄金。

第二天，锦衣卫千户前来辞行。王阳明握着他的手说："下官在正德初年，曾被关在锦衣狱很长一段时间。我也接触过贵衙门的许多官员，可从未见过像您这样轻财重义的官员。昨天，我派人给您准备了一点心意，只求礼备。可听说您连这点心意也不要，实在让我不好意思。下官别无他长，只会写点文章。他日一定写文赞扬您的高风亮节，让后世都知道您。"听了这番话，锦衣卫千户无言以对，最后只得离开。王阳明并没有按照锦衣卫千户的意思，将朱宸濠交给他。由此也可一窥王阳明应对贪官污吏的手段。

锦衣卫千户连夜返回，向许泰、江彬等奸臣报告了相关情况。

几个奸臣勃然大怒，便在朱厚照面前诬陷王阳明："王阳明曾经
与宁王朱宸濠私相授受，他曾派弟子冀元亨去见朱宸濠，还许诺
借给他精兵三千。后来，王阳明看到局势不妙，才将朱宸濠捉拿，
想以此来掩盖自己的罪过。"太监张永深知王阳明的忠心，所以
极力为其辩解，并请求先行调查。

王阳明来到杭州时，发现太监张永在此等候他。张永对王阳
明说："许泰、江彬等人之所以诽谤先生，是因为先生的捷报来
得太早，阻碍了他们南行的计划，所以十分不悦。"王阳明说："江
西百姓此前长期受到宁王朱宸濠的压榨，已经民力疲乏，实在不
堪御驾亲征。"张永深以为然，缓缓说道："我此次前来见先生，
也是不愿让几个小人迷惑圣听，想要从中调停，并不是想抹杀先
生的功劳。但皇上的意思是，出来巡游却没有名义，这样未免让
人耻笑。如果先生稍微顺从一下皇上的意思，事情还可以挽回几
分。如果一味忤逆针对，只怕会惹怒几个小人，到时候就大事不
妙了。"王阳明说："张公所言极是。下官不愿居功，情愿把功
劳都让给他们，只要能准许下官告假休息便足矣。"他把朱宸濠
及其余党都交给张永，然后上疏告假，打算带上随从前往西湖的
净慈寺休养。

太监张永在明武宗面前为王阳明辩解，说他是一心为国，同
时江西的反贼未平，要将反贼歼灭还需要凭借王阳明之力，不能
让他卸甲归田。

与此同时，许泰、江彬等小人捉拿了王阳明的弟子冀元亨，

将其交给南京的法司严刑拷打，希望他供出王阳明。但冀元亨只字未提老师，让佞臣们的奸计无法得逞。于是，他们又向朱厚照密奏，说朱宸濠还有许多余党，希望圣上御驾亲征，前往南昌清剿余党，以壮天威。朱厚照准奏，同时，他不准王阳明辞官，还命其返回南昌任地。

张忠、许泰等人率领两万北方将士来到南昌，一下子把街道挤得水泄不通。他们趾高气扬地想要一挫王阳明的锐气。可王阳明一直以礼相待，不卑不亢。这让张忠、许泰等人既羞愧又生气，无话可说。他们听说朱宸濠富甲天下，便询问其财富的去向。王阳明回答："宁王将财物都赠予京师的一些官员，让他们做内应。我已经把账簿扣押下来，随时可供调查。"张忠、许泰等人都接受过朱宸濠的贿赂，一听这话，都吓得哑口无言。

张忠、许泰等人怂恿手下的北方将士在南昌城内横行霸道，对王阳明百般挑衅，或直接冲撞他，或大声呼喝、谩骂他手下的南方将士。张忠、许泰等人希望以此引发激烈的冲突，这样就可以趁机诬陷王阳明了。不过，王阳明毫不理会，只是以礼相待。在此之前，王阳明早已让南昌的大部分百姓转移到乡村，只留下老弱百姓看家，以免他们受到北方将士的迫害。王阳明时常拿出自己的钱物来犒劳北方将士，有时给受伤的士兵送药，或协助安葬死亡的将士。这些举动让北方的将士感动不已。看到王阳明如此深得人心，张忠、许泰等人怨恨不已。他们禁止北方的将士在军营门口接受王阳明的犒劳。后来，王阳明对内对外发布了告示，

说北方将士背井离乡来到南昌，十分辛苦，南昌百姓应该一尽地
主之谊。

自此，南昌百姓一遇到北方将士，就会以礼相待，有时还会
献上美酒、食物等。北方将士十分感动，再也不劫掠城中百姓了。
王阳明的这些对策真可谓以柔克刚。

时值农历十一月，临近冬至，按照中国的风俗，需要祭祀祖先。
王阳明张贴告示提醒百姓，应该深切哀悼因朱宸濠叛乱而丧生的
人。有官职的人也因此获准休假三天。南昌城内的百姓都带上了
酒等祭品，去坟头拜祭，恸哭之声远近相闻。听到百姓的哭声，
北方将士的思乡之情更甚于从前。有的将士甚至还想告假回乡。

张忠、许泰、刘翚等人自恃是北方人，善于骑射。一天，他
们以演武为借口，想和王阳明比试射箭。他们以为，出生于南方
的王阳明一定不熟悉骑射之术，肯定会当众出丑。王阳明再三推
辞不过，只好说道：“我一介书生，岂敢和各位大人一较高下。
各位大人先请吧！我在旁边学习一下。”几人以为王阳明真的不
善骑射，于是趾高气扬地开始准备。他们命令北方将士与王阳明
手下的南方将士分别站在两边观摩学习。随后，几个人一一上场，
拉弓射箭，都没有射中靶心。他们面有愧色，自我辩解说，因为
一直跟随圣驾，很久不曾练习，所以荒废了本领。随后，他们又
要求王阳明上场射箭。王阳明推辞不过，便让部下取来弓箭，自
己面向箭靶站好。

王阳明年少时曾醉心于骑射。在南赣时，他也不忘在弓箭场

练习射箭。射箭可谓王阳明的一项特长。加上他平日里注重修身养性，这更有助于其提高射箭的本领。只见他气定神闲地摆开架势，左手如托泰山，右手如抱婴儿，嗖地射出一箭，一下子就射中了靶心。

北方将士见了，连声喝彩。许泰、江彬等人心中不快，认为王阳明是侥幸射中，于是让他再射一次。接下来，王阳明一连发了两箭，箭箭都射中靶心。北方将士见王阳明三发三中，便大声欢呼，说道："咱们北边都没有人比先生射得更好。"见此情景，许泰、刘翚等人十分不悦。最后，一群人不欢而散。

当天晚上，刘翚派自己的心腹去打探北方士兵的口风。心腹回来报告说，有士兵说很钦佩王阳明，要跟着他建功立业。刘翚听了，一夜无眠。第二天早上，刘翚与许泰、张忠等人商议了一番，于是率领北方将士离开南昌城。如上所述，面对奸人，王阳明自有一套办法。他能够觉察出人心的细微之处，然后"对症下药"。最后，刘翚等人既无从争辩，也无法发怒。他们眼看自己的奸计无法得逞，只好离开南昌城。

在笔者看来，王阳明对付奸人的手段要比他擒拿宁王朱宸濠的手段更加高明。对付这些奸人时，王阳明有时会暂时采取容忍的态度，有时会使用计谋，并且自然而然地发挥了"发而中节"的妙用。我们从中可以获得许多处世之道。

听说宁王朱宸濠的余党都已被清剿，明武宗便带军渡过长江。他们在南京驻扎，以便游览当地名胜。许泰、张忠等小人赶紧趁

此机会，在一旁诽谤王阳明。不过，幸好有太监张永一直为王阳明辩解，让他们的奸计无法得逞。后来，几个小人又想出一条奸计。他们伪造了一道圣旨，准备派心腹携假圣旨宣王阳明觐见，一旦王阳明接近南京，就可以治他一个擅离职守的罪名。不过，王阳明一下子就识破了他们的奸计，并未前来觐见。

到了第二年，即明武宗正德十五年（1520年）正月，王阳明仍然留在南昌。明武宗设宴时，参加宴会的许泰等人声称，王阳明迟早会反。朱厚照询问有何证据。几个人就异口同声地说："王阳明手握兵权，并且会蛊惑民心。去年臣等身处南昌之时，连京师的士兵都想归顺他。陛下如果相信我们的话，可以试着下诏让他觐见。他一定不会来。"他们分析了王阳明的心理，认为他这次也不会前来觐见，因此，设下了这个奸计。

张永一直很看重王阳明，同时怜惜他的一片忠心。他暗中修书一封，写明了三人的奸计，派人快马加鞭地交给王阳明。收到密信后，王阳明立即骑马前往芜湖。得知事情发生了变化，张忠等人大吃一惊，马上修改了圣旨，阻止王阳明前来觐见。于是，王阳明在芜湖逗留了半个月，真是进退维谷。不得已，他去了九华山。

到了九华山，王阳明每日在草庵中端坐养神。一天，他到化成寺游玩。来到地藏洞时，他忽然想起，二十年前曾在此处见到一个老道士，两人曾经一起畅谈三教的教义。追昔思今，他不由得仰天长啸。遭受诬陷、被迫滞留在芜湖的王阳明，此时正处于

一生中最忧患之时。每日，他静坐至深夜，听着河水拍岸的汩汩声，他心想："以一身蒙谤，死即死耳，如老亲何？"他对自己的弟子说："此时若有一孔可以窃父而逃，吾亦终身长往不悔矣。"

张永阻止了王阳明前来觐见，他向明武宗禀报，说王阳明不会前来。朱厚照询问其中的原因。张永密奏说，王阳明因为受到张彬等人的阻拦，所以留在芜湖。他是忠臣，可一听说众人都在争夺功劳，想加害于他，便想辞官隐居山林。可如果连他都离开，天下恐怕再也没有忠臣肯为朝廷效力了。听了张永的话，朱厚照非常感动，于是降旨让王阳明兼任江西巡抚，同时命他立即返回南昌处理政事。

除夕之时，王阳明再次路过开先寺，题写了一段他讨伐宁王朱宸濠的事迹的碑文，并命人镌刻在读书台下的石壁上。正德十五年二月，王阳明回到了南昌。同年三月和五月，他两次上奏，就地方的财政问题提出了自己的建议。同年六月，他回到了赣州。途经泰和时，少宰罗钦顺[①]来信问学。王阳明在回信中详细恳切地解答了他的问题。在生死攸关的紧急时刻，王阳明阐明圣学的热忱丝毫没有减弱。他的答复条理清晰、情真意切。这封回信被收录在《传习录》第二卷中。

---

① 罗钦顺（1465—1547），字允升，号整庵。明代中期，他是与王阳明分庭抗礼的大学者，时称"江右大儒"。著有《困知记》《整庵存稿》《整庵续稿》。他的主要成就是改造程朱理学，创建"气学"，《明史·儒林传》说："钦顺潜心理学，深有得于性命理气之微旨。"明末清初思想家黄宗羲认为他"大有功于圣门"。——译者注

到达赣州后，王阳明立即开始大阅兵，并且传授众将士作战之法。江彬等人一直派人暗中监视王阳明，想伺机再次诬陷他。因此，有些人为王阳明担忧，提醒他要稍微收敛，以免再涉险境。但王阳明毫不介意，还写了一首《啾啾吟》来开导众人。全诗如下：

知者不惑仁不忧，君胡戚戚眉双愁？

信步行来皆坦道，凭天判下非人谋。

用之则行舍即休，此身浩荡浮虚舟。

丈夫落落掀天地，岂顾束缚如穷囚。

千金之珠弹鸟雀，掘土何烦用镉镂？

君不见东家老翁防虎患，虎夜入室衔其头。

西家儿童不识虎，执竿驱虎如驱牛。

痴人惩噎遂废食，愚者畏溺先自投。

人生达命自洒落，忧谗避毁徒啾啾。

"人生达命自洒落"！可见王阳明光明磊落，早已将荣辱得失置之度外。他现在虽然身处危难之中，但没有任何畏惧与顾虑，只想做自己该做的事。他说："我身居此处，与童子吟诗、教习礼仪，有何可疑？"弟子陈九川等人也曾劝过他。王阳明说道："你们为什么不讲学呢？我以前在南昌时，身陷宦官之祸，也毫不在意。如果大祸在前，也避无可避。我轻易不为之所动，也是有我自己的长远考虑。"那么，他所谓的长远考虑是什么呢？

这一点值得我们好好考察一下。

此时，明武宗还在南京。许泰、江彬等人把俘虏献给了朱厚照，还想要将功劳据为己有。对此，张永表示反对，他说："以前我们还未出京时，朱宸濠就已经被擒了。为了把俘虏献给圣上，王阳明特意北上杭州，将俘虏交付我手上。这件事情大家都知道。你们不能把功劳都记到自己头上。"于是，朱厚照便以威武大将军的名义，命王阳明再次呈上捷报。王阳明将此前写的奏疏缩减了一些内容，还在其中加上了随御驾出征的许泰、江彬、张永、张忠、魏彬、刘翚、王宪等人的名字。在奏疏中，他明确指出，上述官员在平定叛乱时都有功劳。看到这份奏疏后，江彬等小人的怒气稍有平息。这样一来，王阳明才终于平安无事。

不过，可怜的是，王阳明的弟子冀元亨却被诬陷为朱宸濠的同党，一直身陷囹圄，未被释放。出于师徒情谊，王阳明十分挂念冀元亨。更何况，原本是自己吩咐冀元亨去劝说朱宸濠的，他自然无法坐视不理。

正德十五年八月，王阳明给刑部发咨文，为冀元亨洗刷冤屈。正德十六年（1521 年），就在朝廷即将下诏释放冀元亨时，冀元亨却因病惨死狱中。冀元亨的同门陆澄、应典等人准备了棺材，厚葬了他。得知冀元亨去世的消息后，王阳明派人安慰了冀元亨的家人。王阳明在自己家中设了冀元亨的灵位，为他的逝世痛哭不已。第二年，王阳明再次上疏，请求辞去封爵。在奏疏中，他写道："举人冀元亨者，为臣劝说宁濠，反为奸党构陷，竟

死狱中。以忠受祸，为贼报仇。抱冤赍恨，实由于臣。虽尽削臣职，移报元亨，亦无以赎此痛！"冀元亨如果在天有灵，也一定会因王阳明的有情有义而感动落泪吧。

原本与王阳明私交甚好的刘养正非常有才能，可惜后来成了宁王朱宸濠的谋士。母亲过世时，刘养正曾请求王阳明为其母撰写墓志铭，但其真实目的是奉朱宸濠之命，乘机拉拢王阳明。王阳明一下就识破了他的图谋，于是一直顾左右而言他。最后，刘养正无功而返。被擒后，他被朝廷处以斩刑。刘养正死后，王阳明曾路过吉安。他发现刘养正的母亲还没有下葬，出于往日的友情，便让当地的有司安葬了刘养正的母亲，并为其写了一篇祭文，其中写道："嗟嗟！刘生子吉，母死不葬，爰及干戈；一念之差，遂至于此，呜呼哀哉！今吾葬子之母，聊以慰子之魂。盖君臣之义，虽不得私于子之身，而朋友之情，犹得以尽于子之母也，呜呼哀哉！"可见，在王阳明看来，为人处世应该公私有别，各行其道。

从明武宗正德十四年至正德十五年秋天，王阳明亲历了宸濠之乱，遭受了张忠、许泰等人的诬陷。可以说，在这样的时局之下，他的处境极其艰难。不过，在此期间，王阳明的谋略实在不容小觑。他主张至诚，提倡真诚恻怛。如果对照他的学说，我们很难判断他在此期间的言行是对是错。不过，道是灵活的，不必拘泥于固定的形式。此时，王阳明只是按照他的良知行事，俯仰天地也问心无愧。虽然从表面上来看，几个奸臣也是按照自己的意志行事，

实则千差万别。

至此，王阳明实现了悟道，并且变得心无所动。因此，碰到各种事情时，王阳明才能采取灵活的对策。善上有善，无穷无尽——这个时期的种种经历让他的领悟更加深刻。于是，他创作了一首诗：

> 四十余年睡梦中，而今醒眼始朦胧。
>
> 不知日已过亭午，起向高楼撞晓钟。
>
> 起向高楼撞晓钟，尚多昏睡正懵懵。
>
> 纵令日暮醒犹得，不信人间耳尽聋。

这首诗反映了王阳明当时的内心活动：他想用自己的领悟去叫醒仿佛长睡不醒的、尚未开悟的红尘众人。

第二年，即明武宗正德十六年，王阳明五十岁，他作了一首诗，其中一句是"却笑当年识未真"。那么，他真正相信的是何物呢？钱德洪编写的《阳明先生年谱》中有如下记载："自经宸濠、忠、泰之变，益信良知真足以忘患难、出生死，所谓考三王，建天地，质鬼神，俟后圣，无弗同者。"那一年，王阳明提出了致良知的学说。他自述"某于良知之说，从百死千难中得来"，说的正是这段经历。也就是说，致良知的学说是他经过事上磨炼后的成果。他把一切亲身经历都变成了鲜活的学问。他的学说绝不是凭空想象出来的理论，而是在真正理解了人生的意义后，从实际生活中

得来的。因此，学习王阳明的学说，不能只是在口头上说说，而是要在实际生活中亲身体验。

第 三 十 五 章

百战归来白发新

明武宗正德十五年七月，王阳明再次从江西传来捷报。此前一直让他苦恼不已的张忠、许泰等人的诬陷事件也稍微平息了。因此，笔者更关注王阳明此后在行孝和教育方面的事迹。接下来，笔者将先叙述王阳明在行孝方面的事迹。

明武宗正德十五年闰八月，王阳明向朝廷呈上第四道奏疏，请求回乡给祖母岑氏送葬。此前，他曾向朝廷表达了想要回乡见祖母岑氏最后一面的愿望。然而，祖母岑氏却在前一年的年初因病过世，享年百岁。王阳明回乡之心越发迫切。宁王朱宸濠发动叛乱时，王阳明也曾上奏请求顺道回乡给祖母岑氏扫墓。至此，王阳明已经四次上疏，但每次朝廷都没有准奏。

在此期间，得知老父王华病危的消息后，王阳明甚至想要弃职，逃回家乡探望父亲。得知王华身体恢复后，他才放弃了这样的念头。弟子周仲看到王阳明思乡情切，说："先生思归一念，亦似着相①。"王阳明回答道："此相安能不着？"可见，王阳明尽孝之心十分迫切。

同年九月，王阳明从赣州返回南昌。一般认为，题为《月下吟》的三首诗就创作于此时。

其一

露冷天清月更辉，可看游子倍沾衣。

---

① "着相"是佛教术语，意谓执着于外相、虚相或个体意识而偏离本质。——译者注

催人岁月心空在，满眼兵戈事渐非。

方朔本无金马意，班超惟愿玉门归。

白头应倚庭前树，怪我还期秋又违。

其二

江天月色自清秋，不管人间底许愁。

谩拟翠华旋北极，正怜白发倚南楼。

狼烽绝塞寒初入，鹤怨空山夜未休。

莫重三公轻一日，虚名真觉是浮沤。

其三

依依窗月夜还来，渺渺乡愁坐未回。

素位也知非自得，白头无奈是亲衰。

当年竹下曾裘仲，何日花前更老莱？

恳疏乞骸今几上，中宵翘首望三台。

　　第二年，即明武宗正德十六年春，王阳明又作诗一首，其中写道"奈何桑梓怀，衰白倚门待"，表达了他对父亲的思念之情。正德十六年三月，明武宗驾崩；四月，明世宗朱厚熜即位。自此，王阳明的处境也发生了改变。原本仰仗明武宗的宠爱而横行霸道的江彬、许泰、张忠和刘翚等奸臣都受到了惩罚。与此同时，王阳明的功劳得到了表彰。

　　正德十六年六月，王阳明接到了朝廷让他赴京的内诏。于是，他又上疏朝廷，请求顺便归省。他在奏疏中恳求道："顾臣父老且病，顷遭谗构，朝夕常有父子不相见之痛。今幸脱洗殃咎，复睹天日，父子之情，固思一见颜面以叙其悲惨离隔之怀，以尽菽水①欢欣之乐。"②可见，身为人子的王阳明非常思念父亲，期待早日与父相见。

　　当王阳明到达京师后，由于多方原因，加上国库空虚，朝廷并未设宴和奖赏他，只是擢升他为南京兵部尚书，并允许他归乡省亲。正德十六年八月，王阳明回到家乡越城，向父亲王华行叩拜之礼。此前，有人说王阳明与朱宸濠是一路人。但王华并不相信，他说："吾儿平素在天理上用功，必定不会做出这种事情。"后来有传言，说王阳明与巡抚孙燧、按察副使许逵三人都被朱宸濠杀害了。王华说："吾儿成了忠臣，吾有何忧？"王阳明起兵讨伐朱宸濠后，有人说朱宸濠将迁怒于王华，会派人刺杀他。人们劝说他赶紧躲避一下。王华却笑道："吾儿正举大义之兵，讨伐叛贼。吾是国家大臣，只恨年老，不能与其一同上阵杀敌，怎么能躲起来，让百姓耻笑呢？"王华泰然自若，毫不畏惧。由此可见，父子二人都是大义凛然的忠臣。不过，到底是父子情深，两人都担心彼此的安危。这次王阳明终于归省回乡，父子得以相见，

---

①　即"啜菽饮水"，指极清苦的饮食。孔子认为，尽管不能孝敬丰厚的饮食，但能使父母尽其欢，这就是孝。——译者注

②　见《乞便道归省疏》。——译者注

恍若隔世又欣喜不已。

王阳明作了一首《归兴》：

百战归来白发新，青山从此作闲人。

峰攒尚忆冲蛮阵，云起犹疑见虏尘。

岛屿微茫沧海暮，桃花烂漫武陵春。

而今始信还丹诀，却笑当年识未真。

明武宗正德十六年九月，王阳明回到余姚祭拜祖先。他去了自己的出生地瑞云楼，还找到了珍藏有自己胎衣的地方。当时，他不禁潸然泪下，悲痛不已。他幼年丧母，无法向母亲郑氏尽孝；而祖母岑氏去世后，他也无法为其送葬。不过，王阳明此后在余姚的生活倒是他一生中比较惬意的一段日子。他每日伺候父亲，和弟子讲学，与亲朋好友一同赴宴、游玩，还提出了良知学说。

同年十二月，王阳明因战功被朝廷封为新建伯[①]。当月十九日，朝廷派人给王阳明送来了金银和绫罗绸缎等赏赐，还下旨问候并赏赐了其父王华。朝廷使者到达之日，正逢王华的寿辰。前来祝寿的亲朋好友聚集一堂。王阳明身穿朝廷赏赐的蟒服，腰挂

---

① 皇帝制曰："江西反贼剿平，地方安定，各该官员功绩显著。你部里既会官集议，分别等第明白。王守仁封新建伯，奉天翊卫推诚宣力守正文臣，特进光禄大夫柱国，还兼南京兵部尚书，照旧参赞机务，岁支禄米一千石，三代并妻一体追封，给与诰卷，子孙世世承袭。"——原注

玉带，捧杯为父亲祝寿。王华却眉头微皱，说道："宁濠之变时，大家都以为你已经死了，可你后来平安归来。人们都以为宁王之乱难以平定，但你平定了。后来，朝中流言四起，污蔑你勾连叛贼，前后两年，你的处境岌岌可危。好在老天有眼，没有让你蒙冤遭祸，如今还得到了朝廷的敕封，我们父子也得以相见，真是莫大的幸事！但你要知道'盛者衰之始，福者祸之基'，虽然是幸事，也要戒慎恐惧才行！"王阳明洗爵^①而跪，对王华说："父亲的教诲，正是孩儿日日夜夜铭记于心的！"见此情景，众人都感叹父子两人重逢的不易，也因王华的告诫而感慨万分。

第二天早上，王阳明对弟子说："昨夜蟒玉，人谓至荣，晚来解衣就寝，依旧一身穷骨头，何曾添得分毫。乃知荣辱原不在人，人自迷耳！"

明世宗嘉靖元年（1522 年）正月，王阳明五十一岁。他向朝廷上了一道请辞封爵的奏疏。他指出，自己之所以能成功地平定叛乱，主要是因为兵部尚书王琼的大力举荐及多方周旋。一些有功者尚未得到恩典，而跟随他出生入死的下属也没有得到赏赐，独享功劳让他深感不安，因此，他请求辞去封爵。然而，他的请求并没有获得朝廷的批准。

同年二月，王阳明的父亲王华因病过世，享年七十七岁。同月，为嘉奖王阳明平定宁王之乱的战功，朝廷追赠他的父亲王华、祖

---

① 洗爵，周时敬酒礼制。——译者注

父王伦、曾祖父王世杰为新建伯。朝廷使者于二月十二日到达。此时，干华正处于弥留之际，一听使者来了，认为仓促之间也不能失礼，所以赶紧催促王阳明和他的几个弟弟按照礼节出门迎接。过了一会儿，王华问道："礼已成吗？"得到"已成"的回答后，王华便与世长辞了。王阳明让家人暂时不要哭泣。他先给父亲换上御赐的新礼服、帽子和绶带，然后才举家治丧。此时，王阳明终于放声痛哭，哭得几乎当场气绝。他因病无法亲自治丧，便让弟子们协助操办丧事。

需要注意的是，王阳明认为，丧礼也要考虑人情、习俗，不必拘泥于古代的礼仪，而应因时因地采用合理的方式。原本按照中国古时的礼仪，除了病人和七十五岁以上的老者，守丧者都不能吃肉。但斋戒百日后，王阳明便允许弟弟和侄子等吃少许肉干。他认为，这些年轻人一直习惯肉食，如果强行让其斋戒，反倒会迫使他们作假。倒不如稍微满足他们的口舌之欲，以此鼓励他们做真诚的人。按照越城一带的风俗，举办葬礼时，桌椅要置换新的，家中要摆上点心等，还要用鸡鸭鱼肉等美味佳肴款待前来吊唁的宾客，可谓极尽奢侈。这在一定程度上滋长了攀比之风。王阳明认为这是一种不良风气，因此，他决定父亲的葬礼一切从俭。然而，对远道而来的年老客人，除了提供素食，王阳明还为他们准备了两碟肉。他认为，只能让家族成员吃素食，如果让吊唁的客人与守孝的自家晚辈一样吃素食，则无法好好安慰和感谢年老的宾客。前来吊唁的知己湛若水看到肉食后，十分不悦，后来在信中指责

王阳明。王阳明承认是自己的过失，并没有辩驳。

上述事例足以证明，王阳明的人格正日趋成熟和圆满。

明世宗嘉靖元年七月，王阳明再次向朝廷上疏，请求辞去封爵的恩典。这次因他犯了当时内阁首辅杨廷和的忌讳，所以并没有得到朝廷的回复。

当月，弟子钱德洪即将参加会试，前来向老师王阳明辞行，同时请教应试的注意事项。王阳明告诫他："胸中须常有舜、禹有天下不与气象。"钱德洪不解其意，便向王阳明请教。王阳明说："舜、禹有天下而身不与，又何得丧介于其中？"

他的这番话是为了提醒钱德洪，不要因为计较成败得失而误事。事实上，王阳明也是这样要求自己的。无论是朝廷给他加官晋爵时，还是遭到贬谪或身患疾病时，他都始终心无所动。可见，王阳明的哲人本色越来越鲜明。

第 三 十 六 章

晚年的精修和培养人才（上）：
对阳明学说的诽谤及传道的热情

王阳明征战时，身边始终有一些弟子相随，因此，他一直坚持讲学。历经了宸濠、忠泰之乱后，他的悟道日益精微，越发想把自己的领悟传给天下人。

明武宗正德十五年夏，四十九岁的王阳明在给罗钦顺的一封回信中写道："孟子云，'予岂好辩哉，予不得已也'。杨、墨之道塞天下，孟子之时，天下之尊信杨、墨，当不下于今日之崇尚朱说，而孟子独以一人呶呶于其间。噫！可哀矣。韩氏云，'佛、老之害，甚于杨、墨'。韩愈之贤不及孟子，孟子不能救之于未坏之先，而韩愈乃欲全之于已坏之后，其亦不量其力，且见其身之危，莫之救以死也矣。呜呼！若某者，其尤不量其力，果见其身之危，莫之救以死也矣。夫众方嘻嘻之中，而独出涕嗟，若举世恬然以趋，而独疾首蹙额以为忧，此其非病狂丧心，殆必诚有大苦者隐于其中，而非天下之至仁，其孰能察之。"① 由此可见，王阳明想要传道的坚定意志。

同年九月，身处南昌的王阳明遇见了来自泰州的一个叫王银的人。王银头戴一顶古冠，手持木简，并呈上两首诗，请求与王阳明见面。王阳明见此人与众不同，便恭敬地走下台阶，前去迎接。王银进来后，便傲然坐下。王阳明问他所戴何冠，王银说是有虞氏②之冠。王阳明又问他所穿何服，他说是老莱③之服。王阳明又

---

① 见《传习录》中卷，《答罗整庵少宰书》。——译者注
② 有虞氏是上古帝王虞舜的别称。——译者注
③ 老莱，即老莱子，春秋晚期道家人物。——译者注

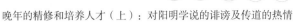
问他是否学过老莱之学，王银回答学过。王阳明说："你说你学过老莱之学，却只是学到了他的穿着。老莱拜见父母时，还特意模仿小孩啼哭，逗他们开心，这个你学会了吗？"王银无言以对，脸色越来越难看，开始坐立不安。听完王阳明论述格物致知学说后，王银恍然大悟，说道："吾人之学，饰情抗节，矫诸外；先生之学，精深极微，得之心者也。"自此，王银换上了普通服装，执弟子之礼，拜在王阳明门下。王阳明让他改名为王艮，字汝止。王艮自号心斋，后来与王畿齐名，两人被世人并称为"王门二王"。王艮大力宣传老师王阳明的学说，后来还被誉为孝子。王艮拜在王门下不久后，王阳明跟弟子说过如下一番话："吾擒宸濠，一无所动，今却为斯人动。此真学圣人者。"可见，王阳明被王艮的进取之志打动了。而王艮初见王阳明就被点化了，由此也可一窥王阳明在学问和德行方面的精进。

此时，王阳明每日讲学，都有弟子陈九川、夏良胜[1]、万潮、欧阳德等人在讲席旁侍奉，其盛况颇有孔子在洙泗[2]杏坛[3]授课之风。

第二年，即明武宗正德十六年（1521 年），王阳明五十岁。当年春天，他提出了致良知之说，并将其作为千古圣圣相传的真诀传授给弟子。当时盛行朱熹的学说，排斥陆九渊的学说。而王

---

[1] 夏良胜（1480—1538），字于中。——译者注

[2] 即洙水和泗水，春秋时属鲁国地。——译者注

[3] 相传为孔子聚徒授业讲学处。——译者注

阳明认为陆九渊深得孔孟真传，但其思想学说一直被压制而未能发扬光大，其死后也未能获得在孔庙配享的恩典，其子孙也没有得到褒奖和尊崇，实在遗憾。于是，王阳明不顾世人的非议，命令抚州府金溪县的官吏寻访陆氏嫡派子孙，并记录在册，让他们都能享受到恩典。

这一年，王阳明提出了致良知学说。他确信自己的学说"百世以俟圣人而不惑"，所以在讲学时显得更加神采奕奕，更有自信。这年五月，王阳明召集弟子，在白鹿洞书院^①讲授良知学说。

此外，他还与知己湛若水、弟子方献夫通过书信讲学论道。同年六月，擢升为南京吏部尚书的陆澄因经常生病而想要研习养生之术。王阳明得知后，便写信提醒他："养德与养身只是一事。"这句话也是非常值得关注的一句教义。同年八月，王阳明回到故乡越城。此后的六年，他一直在家乡专心讲学。这个时期，他意气风发，毫不介意世人的诽谤，自由自在地阐明自己的学说，热心地指导后辈门生。也正是在这个时期，王阳明凭借自己的学说在学界占据了一席之地。

王阳明回乡后，最早成为其门下弟子的就是钱德洪。钱德洪后来为弘扬阳明心学立下了汗马功劳。此前，钱德洪就听说过王阳明学问高深，一直想拜他为师。不过，家乡有些老者因为王阳

---

① 白鹿洞书院位于江西九江庐山五老峰南麓，是程朱理学主要人物朱熹活动的重要场所之一。现代有学者认为，王阳明想在江西传播心学，就必须攻克白鹿洞书院这一"堡垒"。——译者注

明往年的言行，对他还有所怀疑，正所谓"先知在自己的家乡是不受欢迎的"。因此，钱德洪最初一直暗中观察王阳明的言行，后来才终于对他深信不疑。钱德洪排除了众人的非议，得到了父母的允许，携钱大经、钱应扬两个侄儿及郑寅和俞大本，通过王阳明侄子王正心的引荐，拜在王阳明门下，成为其弟子。

第二年，即明世宗嘉靖元年一月和九月，五十一岁的王阳明两次上奏，请求辞去朝廷的封爵，并打算将自己的功劳让与王琼。时任内阁首辅的杨廷和嫉妒王琼，继而迁怒于王阳明，他授意御史程启充、给事毛玉两人，让他们以传播邪说、妨碍正统之学的理由弹劾王阳明。时任刑部主事的陆澄得知后，无法坐视不理，便上疏为老师辩解，却被王阳明劝阻。由此可见，王阳明平日教导弟子的话就是他自己的行事主张。

据《明史》记载，明世宗嘉靖元年的十月，给事中章侨、御史梁世骠上疏称："三代以下正学莫如朱熹。近有聪明才智，倡异学以号召，天下好高务名者靡然宗之。取陆九渊之简便，诋朱熹为支离。乞行天下，痛为禁革。"明世宗朱厚熜敕令："祖宗表章六经，颁赐敕谕，正欲崇正学，延正道，端士习，育真才，以成正大光明之业。百余年间人才深厚，文体纯雅。近年士习多诡异，文体务艰险，所伤治化，其行督学官榜谕禁之。自今教人取士，一依程朱之言，不许妄为叛道之经，私自传刻，以误正学。"

嘉靖二年（1523 年）四月，明世宗朱厚熜下诏，授朱熹的远代子孙朱墅为五经博士，并且按照孔庙的祭祀规格祭祀朱熹。对

王阳明而言，这些无疑都是来自官学的排挤。另外，《明史》中叙述王阳明的事迹时，谈及"其为教专以致良知为主，诋訾程朱，故列为伪学"①。不过，事实上，王阳明绝对没有诋毁朱熹的学说，只是两者观点不同而已。王阳明一直对程朱理学秉持着不偏不倚的态度，反倒是天下人对王阳明的诋毁太甚。

在此期间，还发生了一件事。一天，薛侃、邹守益、马明衡②、王艮等高徒都侍坐在老师王阳明身边。大家感慨万分：王阳明征讨宁王朱宸濠以来，非议和诋毁他的人反倒越来越多。众弟子开始探讨其中的原因。有人认为，因为老师的功业、权势、地位日益提高，所以招致许多人的嫉妒；也有人说，因为老师的学说日益圆熟，威胁到宋学的地位，所以许多人为宋儒打抱不平；还有人说，因为老师在南京任职以来，信徒越来越多，所以许多人就更加卖力地阻挠、排挤他。

听完弟子们的话，王阳明说："大家说的都有各自的道理。不过，还有一个只有我自己明白的原因，大家都没有提到。"弟子们赶紧请教老师。王阳明回答："我在南都以前，尚有些乡愿③的意思在。我今信得这良知真是真非，信手行去，更不着些覆藏。我今才做得个狂者的胸次，使天下之人都说我行不掩

---

① 《明史·王阳明传》无"诋訾程朱，故列为伪学"两句。——译者注
② 马明衡（1491—1557），字子莘，号师山。——译者注
③ "乡愿"，所谓表里不一、媚时从俗的心理。——译者注

言也罢。"① 这里提到"在南都以前"，是指王阳明在五十岁那年的六月，被擢升为南京兵部尚书之前。虽然他自述以前带有一些乡愿的意思，不过我们倒是可以从他的事迹中得知他的性格变得越发成熟与真诚。只是他自己觉得还不够纯粹。由此，我们可得知，圣人的道德品性的发展是没有终点的。这也是需要我们注意的一点。那么，王阳明说自己带有乡愿的意思，又是指什么事呢？

有人曾经问王阳明讨伐宁王朱宸濠的事。王阳明回答："当时只能如此，别无他法，但现在看来有意气用事之处。若是今日，更有别的方法。"当时他的所作所为固然非常出色，不过，严格说来，确实有些意气用事了，有些看起来并不是顺应天理而做出的行为。

在笔者看来，他试图调和自己的学说与宋学之间的矛盾的举动，倒是多少带有一些乡愿的意思。不过，笔者并不确定，这是否就是他自认为的带有乡愿意思的言行。四十岁前后，王阳明将自己的学说与宋儒的学说加以区分，提出了知行合一、心即理的主张。他主张，学术是天下之公器。他自己也一直秉持着不偏不倚的态度。不过，一旦谈及世人都认可的理论时，他的态度则显得有些暧昧。一次，谈到朱陆学说的异同时，他表示："天下是朱非陆，论定既久，一旦反之为难；二书姑为调停两可之说，使

---

① 见《传习录》下卷，钱德洪录。——译者注

人自思得之。"①

另外，王阳明四十四岁身处南京时，从《朱子文集》中选取了三十篇，编了一部《朱子晚年定论》。他认为，朱熹在中年提出的、尚不成熟的观点与自己的学说有所不同，而朱熹晚年的定论则与自己的学说相同。王阳明指出，晚年的朱熹认识到中年时提出的观点有很大问题，因此悔恨不已，自认犯了自欺欺人的罪过，需要改正。在此之前，王阳明一直饱受世人的非议，被指责是标新立异。他之所以编这部《朱子晚年定论》，也是为了调和心学与朱子学说之间的矛盾，真可谓煞费苦心。这固然可以说是他的一种教育方法，也可以说是他在保守又尚古的封建时代的无奈之举。但这同时不禁让人陷入沉思：为什么王阳明如此顾虑作为主流权威学说的朱子学？到了晚年，他是否对此有所反省，并且承认自己带有一些乡愿的意思呢？

四十七岁时，王阳明将《朱子晚年定论》交由弟子刊刻。四十八岁时，他在一封信中写道："留都②时，偶因饶舌，遂至多口，攻之者环四面。取朱子晚年悔悟之说，集为《定论》，聊借以解纷耳。门人辈近刻之零都，初闻甚不喜，然士夫见之，乃往往遂有开发者，无意中得此一助，亦颇省颊舌之劳。"③王阳明采取了以子之矛攻子之盾的策略。

---

① 见《传习录》中卷，钱德洪序。——译者注
② 即南京。——译者注
③ 见《与安之书（己卯）》。——译者注

　　不过，《朱子晚年定论》在年代考证方面有一些错误。此外，其中列举的一些观点并不能断定是朱熹晚年的主张。同时，一些被王阳明视为朱熹中年未定的观点，实际上也并非如此。因此，这部著作反倒惹来了世人的非议。有的反对者认为，王阳明是在曲解朱熹的观点，实质上是想倡导自己的学说。

　　罗钦顺是王阳明的前辈，是一位笃实的学者。他曾经问王阳明："您所认为的朱子晚年的定论，其实有些应该视为朱子中年的观点。您把朱子的集注或他的提问作为他中年未定的观点，是否太过武断呢？另外，您说自己的观点与朱子晚年的定论相同，但其实有些观点仅仅是表面上类似，而本质上截然不同。"

　　罗钦顺的批评十分中肯，也切中了问题的要害。针对罗钦顺的批评，王阳明辩解道："其为《朱子晚年定论》，盖亦不得已而然。中间年岁早晚，诚有所未考，虽不必尽出于晚年，固多出于晚年者矣。然大意在委曲调停，以明此学为重。平生于朱子之说，如神明蓍龟，一旦与之背驰，心诚有所未忍，故不得已而为此。'知我者谓我心忧，不知我者谓我何求。'盖不忍牴牾①朱子者，其本心也，不得已而与之牴牾者，道固如是，不直则道不见也。执事②所谓'决与朱子异者'，仆敢自欺其心哉？夫道，天下之公道也；学，天下之公学也，非朱子可得而私也，非孔子可得而私也，天

---

① 牴牾，矛盾、冲突。——译者注

② 此为王阳明对罗钦顺的称呼。——原注

下之公也，公言之而已矣。故言之而是，虽异于己，乃益于己也。言之而非，虽同于己，适损于己也。益于己者，己必喜之；损于己者，己必恶之。然则某今日之论，虽或于朱子异，未必非其所喜也。君子之过，如日月之食，其更也，人皆仰之，而小人之过也必文。某虽不肖，固不敢以小人之心事朱子也。"①

　　王阳明认为，道是天下之公道，学是天下之公学。之所以说孔子也不能"得而私也"，是因为学者的天职就是发挥阐明天理的本事。事实上，王阳明也一直秉持着这种态度。然而，他为什么还要煞费苦心地调和心学与朱子学之间的矛盾呢？这其中固然有缘由，但可想而知，他在辩解时会有一些于心不安。不过，此后的王阳明逐渐具有了一种狂者精神。他开始大胆地阐释自己的学说，不再顾忌朱熹的理论了。

　　王阳明五十三岁时，给周道通②写了一封信。信中写道："各自且论自己是非，莫论朱、陆是非也。以言语谤人，其谤浅。若自己不能身体实践，而徒入耳出口，呶呶度日，是以身谤也，其谤深矣。凡今天下之论议我者，苟能取以为善，皆是砥砺切磋我也，则在我无非警惕修省进德之地矣。昔人谓'攻吾之短者是吾师'，师又可恶乎？"③王阳明认为，与其讨论朱陆学说的异同，不如先反省一下自己的是非，以公正的态度立足于天下。如果在

---

① 见《传习录》中卷，《答罗整庵少宰书》。——译者注
② 王阳明的学生。——译者注
③ 见《传习录》中卷，《启问道通书》。——译者注

反省后，仍然发现自己是正确的，那就不必顾忌天下人的诽谤。

五十四岁时，王阳明自述："此鄙人之所以冒天下之非笑，忘其身之陷于罪戮，呶呶其言，其不容已者也。"[①]此时的王阳明早已将一切毁誉得失置之度外，一心抱着济世救民的至仁想法，希望将自己所坚信的传给天下人。

王阳明五十五岁时，聂文蔚来信问他："思、孟、周、程无意相遭于千载之下，与其尽信于天下，不若真信于一人。道固自在，学亦自在，天下信之不为多，一人信之不为少者。"王阳明在回信中充分阐述了自己传道的目的："仆之情，则有大不得已者存乎其间，而非以计人之信与不信也。夫人者，天地之心。天地万物，本吾一体者也。生民之困苦荼毒，孰非疾痛之切于吾身者乎……仆诚赖天之灵，偶有见于良知之学，以为必由此而后天下可得而治。是以每念斯民之陷溺，则为之戚然痛心，忘其身之不肖，而思以此救之，亦不自知其量者。天下之人见其若是，遂相与非笑而诋斥之，以为是病狂丧心之人耳。呜呼！是奚足恤哉！吾方疾痛之切体，而暇计人之非笑乎？人固有见其父子兄弟之坠溺于深渊者，呼号匍匐，裸跣[②]颠顿，扳悬崖壁而下拯之。士之见者，方相与揖让谈笑于其旁，以为是弃其礼貌衣冠而呼号颠顿若此，是病狂丧心者也。故夫揖让谈笑于溺人之旁而不知救，此惟行路

---

① 见《传习录》中卷，《答顾东桥书》。——译者注

② 即露体赤脚。——译者注

之人，无亲戚骨肉之情者能之，然已谓之'无恻隐之心，非人矣'①。若夫在父子兄弟之爱者，则固未有不痛心疾首，狂奔尽气，匍匐而拯之，彼将陷溺之祸有不顾，而况于病狂丧心之讥乎？而又况于蕲人信与不信乎？呜呼！今之人虽谓仆为病狂丧心之人，亦无不可矣。天下之人，皆吾之心也。天下之人犹有病狂者矣，吾安得而非病狂乎？犹有丧心者矣，吾安得而非丧心乎？"

王阳明甘心以丧心病狂自居，滔滔不绝地表达了自己的志向。他字字句句都带着仁人之泪，让我们不禁为他的真诚恻怛和救世之志而感动。

接下来，王阳明以孔子为例，在回信中写道："昔者孔子之在当时，有议其为谄者，有讥其为佞者，有毁其未贤，诋其为不知礼，而侮之以为东家丘者，有嫉且沮之者，有恶而欲杀之者，晨门、荷蒉之徒，皆当时之贤士，且曰：'是知其不可而为之者欤？鄙哉，硁硁乎！莫己知也，斯已而已矣。'虽子路在升堂之列，尚不能无疑于其所见，不悦于其所欲往，而且以之为迂，则当时之不信夫子者，岂特十之二三而已乎？然而夫子汲汲遑遑，若求亡子于道路，而不暇于暖席者，宁以蕲人之知我信我而已哉？盖其天地万物一体之仁，疾痛迫切，虽欲已之而自有所不容已，故其曰言：'吾非斯人之徒与而谁与？欲洁其身而乱大伦。果哉，末之难矣！'呜呼！此非诚以天地万物者为一体者，孰能以知夫

---

① "无恻隐之心，非人也"是孟子的观点。——原注

子之心乎？若其'遁世无闷''乐天知命'者，则固'无入而自得'，'道并行而不相悖'也。①

　"仆之不肖，何敢以夫子之道为己任？顾其心亦已稍知疾痛之在身，是以彷徨四顾，将求其有助于我者，相与讲去其病耳。今诚得豪杰同志之士，扶持匡翼，共明良知之学于天下，使天下之人皆知自致其良知，以相安相养，去其自私自利之蔽，一洗谗妒胜忿之习，以济于大同，则仆之狂病，固将脱然以愈，而终免于丧心之患矣，岂不快哉！"②

　至此，王阳明直接以儒家学派的创始人孔子为榜样，充分展现了具有崇高意义的狂者精神。至于他的"仁人"的想法，也绝不逊色于孔子。

---

①　见《传习录》中卷，《答聂文蔚书》。——译者注

②　见《传习录》中卷，《答聂文蔚书》。——译者注

第 三 十 七 章

晚年的精修和培养人才（下）：
学术修养的成熟与培养人才的事迹

阳明心学的传播一直受到官学的压制。但任何外在的权威都无法控制人们内心的领悟与信仰。随着王阳明的思想及其学术修养的日趋成熟，他在信徒中的影响力也越来越大。

对照王阳明的年谱可以得知，在他五十二岁那年，即明世宗嘉靖二年二月，南京会试的主考官出了一道关于阳明心学的题目。这其实是王阳明的反对派使出的卑劣手段，企图让王门弟子陷入两难的境地。作为王阳明的弟子，如果要维护老师的主张，就可能有落榜的危险；而如果想要及第，就必须反对老师的学说。王阳明的弟子徐珊[1] 看了考题后，感叹道："我怎么能曲意逢迎呢？"他没有答完题便离开了考场。而他的同门欧阳德、王臣、魏良弼[2] 则毫不忌讳，直接阐释了王阳明的主张，后来居然榜上有名。他们坚持老师的学说，毫不计较利害得失，意志如此坚定。这足以看出王阳明对他们的感化之深。

落榜的钱德洪归来拜见老师，一副愤世嫉俗的样子。王阳明却大喜，说道："我的学说今后一定会发扬光大。"钱德洪说："时事如此，如何发扬光大？"王阳明回答："原本要让天下人都来谈论我的学说并非易事，不过等这次会试的会试录[3] 一公开，就连身处穷乡僻壤的人都熟悉我的观点了。有些小人对我的学说

---

① 徐珊（1487—1548），字汝佩，号三溪。——译者注

② 魏良弼（1492—1575），字师说，一作师悦，号水洲。——译者注

③ 会试录是会试后对序文、考官、试题、中式者名单、程文、后序等内容的辑录。——译者注

吹毛求疵，但一定会有更多的正人君子来研读我的学说，去寻求真学问。"如上所述，无论何时何地，工阳明始终以一种不偏不倚的态度来引导弟子。也正因此，弟子们也越来越相信他的学说。

根据《传习录》中钱德洪的记录，五十岁的王阳明刚回到越城时，与他往来的朋友寥寥无几。但随着时间的流逝，从各地前来拜访王阳明的人越来越多。王阳明五十二岁以后，许多访客都住在他家附近。像天妃庙、光相寺的每个房间，日间常常有数十人共同进餐；到了夜晚，人们无法横卧，只能轮流休息，歌声通宵达旦。南镇庙、禹穴寺、阳明洞等山上的寺庙，凡是双足可立之处，都住满了人。每每到了王阳明讲学时，前后左右环其而坐者，不下数百人。每月迎来送往，月无虚日。甚至有的学生在这里听讲一年，王阳明也记不住他的名字。每当有听讲的人要离开时，王阳明总是感慨道："你们虽然离开了，但还在天地之间，只要我们志向相同，我不记得你们的相貌又有何妨？"

每次听完王阳明讲学，学生们走出门时，总是欢欣雀跃，大呼痛快。钱德洪曾经记录同门前辈所说的一番话："先生以前在南京（王阳明五十岁之前）讲学，来的人虽然也多，但没有达到越城的这般盛况。这也许是因为先生讲学的经验越来越丰富了，得到了许多人的信任。但关键还是因为先生的学说日益精进，并且先生善于抓住感召学生的时机，教导学生的方法也愈发巧妙，所以效果自然就不同了。"上述这番话虽然是弟子对老师的溢美之词，但足以见得王阳明的学说与学术修养日趋圆熟，其教育方

法也日益巧妙。

钱德洪在王阳明年谱中曾提到"送往迎来,月无虚日"。在这里,我也想举出《传习录》中与之相关的一个例子。王阳明五十二岁那年春,他的高徒邹守益前来越城问学。逗留了数日后,邹守益便要告辞。王阳明送他到浮峰,师徒二人在此依依惜别。当晚,王阳明与蔡宗兖等弟子乘舟来到延寿寺借宿。秉烛夜坐之时,他感慨道:"江涛烟柳,故人倏忽在百里之外。"一个弟子问道:"先生为何对邹守益如此念念不忘呢?"王阳明说:"曾子所谓'以能问于不能,以多问于寡,有若无,实若虚,犯而不较',若谦之者,良尽之矣!"可见王阳明对邹守益的依依惜别之情。

王门学风得以振兴的根本原因在于王阳明对弟子们的真挚情谊。他因弟子的善行而欣喜不已,并且对此一直念念不忘。正如上述与邹守益相关的记载一样,王阳明与弟子的师徒情谊被传为佳话,可谓是绵绵不尽,流传至今。

嘉靖三年(1524 年),王阳明五十三岁,拜在他门下的弟子越来越多。浙江海宁的董沄[①],因擅长诗词而闻名。当年春,董沄在会稽游玩时,听闻王阳明讲学,便头戴斗笠,携带一只水瓢,拄着拐杖前来拜访。当时,董沄已经六十八岁了。进门后,董沄先跟王阳明做了一个长揖,然后在上座坐下。王阳明见了他,觉得有些敬畏,但还是兴致勃勃地与他交谈起来。两人聊了几天几

---

① 董沄(1458—1534),号萝石,晚号从吾道人。——译者注

夜。每当与王阳明交谈一次，董沄就变得越发谦卑。后来，他索性跟王阳明的弟子何廷仁[①]说，想成为王门弟子。

董沄对何廷仁说："我过去见过不少所谓有学问的人，不是修饰边幅的伪善之辈，就是贪图富贵利欲的俗人。以前，我怀疑世上没有真正的圣贤学者，只是假借道义之名济私而已，所以一直放浪于山水之间，一心只作诗词文章。可今天听了阳明先生的良知之学后，我仿佛大梦初醒一般。我本以为自己日夜专注于诗文，与这世上的营营利禄之辈有清浊之分，原来都是我的误解。万幸，今天我终于有所领悟。我要拜阳明先生为师，否则一定会虚度一生。请代为介绍，让我能求学于阳明先生门下。"

何廷仁感叹董沄虽然年迈但志向远大，便向老师讲明了情况。王阳明认为董沄的年纪长于自己，不宜拜自己为师，便一口回绝说："我相信他的话，但何必以弟子之礼来待我。"

董沄得知后，以为王阳明嫌自己的诚意不够，于是回了老家。两个月后，董沄又来了。他扔掉了自己的水瓢和斗笠，拿着与年迈的妻子共同织好的一匹缣帛，想以此作为拜师之礼。他对何廷仁说："我想拜阳明先生为师。我的诚意就像这匹缣帛上密密麻麻的丝线。请代为请求。"

王阳明再三推辞不过，只好答应了。他与董沄一起游历山水，每日与董沄讲学论道。董沄日日有所领悟，欣欣然乐而忘返。同

①　何廷仁（1483—1551），字性之，号善山。——译者注

乡都劝董沄早日回乡，说："你都一把年纪了，何必自讨苦吃呢？"
董沄笑着说："我才有幸从苦海中逃脱出来，正可怜你们呢。你
们反倒认为我辛苦。我刚刚在渤海之中扬鳍遨游，在云霄之上展
翅高飞，怎么可能又回到渔网和鸟笼之中呢？你们回去吧！我将
依从自己的爱好。"从此，他便自号为"从吾道人"。

时任知府的南大吉，字元善，号瑞泉，性情豪放，不拘小节。
他原本不相信王阳明的学说，可听了弟弟描述王阳明讲学的情景
后，他十分佩服，于是也时常来听王阳明讲学。

一天，南大吉问王阳明："我从政之时，犯下许多过错，为
何先生从来不说我呢？"

王阳明询问是什么过错，南大吉便一一列举。

王阳明听后，说道："这些啊，我说过了呀！"

南大吉一愣，说："我没听您说过呀。"

王阳明又说："如果我没说过，那你又是如何知道自己的过
错呢？"

南大吉回答："我的良知都告诉我了。"

王阳明说："对，良知不就是我天天在讲的吗？所以我说我
说过了。"

听了这一番话，南大吉恍然大悟，笑着拜谢了王阳明，便告
辞了。

过了几天，南大吉又来了，列举了自己犯下的更多过错，说
道："某过后甚悔，虽亟思改图，然不若得人预言，不犯为佳。"

王阳明说："人言不如自悔真切。"这句话让南大吉一下子开窍了。南大吉笑着拜谢了王阳明，然后就告辞了。

过了几天，南大吉又来请教："身过可勉，心过奈何？"

王阳明鼓励他说："昔镜未开明，可以藏垢。今镜明矣，一尘之落亦难住脚，此入圣之机也。勉之。"①

如上所述，王阳明点化他人时，虽仅用三言两语，但一针见血。深受王阳明感化的南大吉后来派人修复了稽山书院，新建了尊经阁，让八邑②才俊在其中求学进修。南大吉首先自己跟书生们讲学，并且督促和鼓励他们学习。后来，每天都有许多人从外地赶来求学，以至附近的寺庙几乎都容纳不下这么多人了。

王阳明每次讲学时，环坐听学者多达三百余人。一天，他在书院里讲《论语》中"君子喻于义，小人喻于利"一章，听得众人不禁流汗、落泪。当时有个落魄不羁的青年，叫王畿（字汝中），一看到有人来听王阳明讲学，便会破口大骂。他还劝说王阳明的弟子魏良器③等人不要再听课，以免妨碍科举应试。王畿就住在王阳明隔壁。一天，他偶然听到王阳明讲义与利，终于幡然醒悟，并为此前的失言悔恨不已，即日就拜倒在王阳明门下。王畿即王龙溪，后来是王阳明的得意门生之一，为阳明心学的发扬光大立下了大功。他与王艮并称为"王门二王"，又与钱德洪并称为"王

---

① 见《传习录拾遗》。——译者注

② 八邑，即山阴、会稽、诸暨、上虞、余姚、萧山、嵊县、新昌等地。——译者注

③ 魏良器，字师颜，号药湖。——译者注

门双璧"。

　　无论是年迈的董沄，还是地方官南大吉，或是年轻的王畿，都是豪放不羁的性情中人。他们最初都瞧不起王阳明，后来却都拜入王阳明门下。他们的志向让笔者由衷地感动，而王阳明点化弟子的高超的教育能力，更是让笔者佩服得五体投地。

　　嘉靖三年八月，王阳明在天泉桥设宴款待弟子。当时正值中秋佳节，明月高悬，皎白如昼。王阳明命下人将酒席设在碧霞池上。侍坐在旁的弟子多达一百多人。酒过半酣之时，众人歌声渐动。弟子们或投壶①聚算，或击鼓，或泛舟水上，人人都兴致勃勃。见此情景，王阳明心中无比喜悦，当场作了两首诗。其中一首诗写道："铿然舍瑟春风里，点也虽狂得我情。"可见，当时的王阳明又想到了"至乐"。

月夜二首（与诸生歌于天泉桥）

其一

万里中秋月正晴，四山云霭忽然生。

须臾浊雾随风散，依旧青天此月明。

肯信良知原不昧，从他外物岂能撄。

老夫今夜狂歌发，化作钧天满太清。

---

① 投壶，宴饮时的一种投掷游戏。——译者注

其二

处处中秋此月明，不知何处亦群英？

须怜绝学经千载，莫负男儿过一生。

影响犹疑朱仲晦，支离羞作郑康成。

铿然舍瑟春风里，点也虽狂得我情。

当年，王阳明正在守制①，也有人向朝廷举荐他。另外，明世宗朱厚熜因其父的礼遇问题②，与朝臣们发生了一些纷争。弟子席书、黄绾等人先后写信，询问老师王阳明的建议。不过，他都没有回复。他早已看破了庙堂之上的是是非非，所以试图避开政治问题，一心只想将培养人才作为己任。嘉靖三年十月，南大吉续刻了《传习录》③。

嘉靖四年（1525 年），王阳明五十四岁。这年正月，他的夫人诸氏过世。弟子魏良器和王畿一起不辞辛劳地为诸氏操办丧事。性情豪放的王畿此时已经修道成功。同年十月，王畿与同门商议，在越城创办阳明书院。

嘉靖五年（1526 年），王阳明五十五岁。弟子邹守益因直谏

---

① 旧时父母死后，儿子在家守孝二十七个月，在此期间不任官、应考、嫁娶等。——译者注

② 指大礼议事件，是发生在明正德十六年（1521 年）到明嘉靖十七年（1539 年）的一场关于皇统问题的政治争论。——译者注

③ 三轮执斋注本的《传习录》的中卷有关于此事的记载。——原注

被贬至广德州，在当地创办了复古书院，开始收徒讲学。王阳明得知后，写信称赞了邹守益。

嘉靖五年四月，南大吉入京觐见，后遭罢黜。他给王阳明修书一封，洋洋洒洒写了一千多字。在信中，他情真意切地描述了闻道后的喜悦，却只字未提自己的荣辱得失。王阳明读了这封信，感叹道："此非真有朝闻夕死之志者，未易以涉斯境也。"后来，王阳明给南大吉写了一封深情恳切的回信。

这一年，钱德洪和王畿都通过了南京的会试。两人没有参加殿试，便回到了越城。此时，拜在王阳明门下的弟子人数极多，王阳明无法一一亲授。他就让钱德洪和王畿两人先向新入门的弟子讲授心学的主旨，加以引导，等新弟子的志向确定后，才与其见面。关于王阳明与新弟子的见面，年谱中记载道："每临坐，默对焚香，无语。"这体现了王阳明初次接见弟子时的情景。

王阳明与诸氏膝下并无子嗣。王阳明四十四岁时，将自己的侄子王正宪①收为养子。夫人诸氏去世后，王阳明纳张氏为继室。明世宗嘉靖五年十一月，继室张氏生子王正亿。至此，五十五岁的王阳明终于有了自己的亲生儿子。可惜的是，三年后，王阳明撒手人寰，留下年仅三岁的独子王正亿。王阳明的家庭生活并不幸福。他将全部的精力投入对后辈人才的培养之中，所以他拥有许多精神意义上的子孙。作为阳明心学的开山鼻祖，他给后世留

---

① 王正宪即王阳明小叔王易直的孙子。——原注

下了许多宝贵的精神财富。

明世宗嘉靖六年（1527 年），王阳明五十六岁。四月，弟子邹守益请求在广德州刊刻王阳明的文集。按照当时通行的做法，文集是以文章的体裁分类。然而，王阳明认为自己写文章不是为了展示文辞与体裁，而是为了讲学和明道。因此，当邹守益提出刊刻文集的请求时，王阳明自己标注了每篇文章的写作日期，然后让钱洪德将这些文章按照时间顺序进行分类整理。

第二天，钱德洪前来拜见王阳明，请求为老师整理和刊刻其他文章。王阳明说："此便非孔子删述六经手段。三代之教不明，盖因后世学者繁文盛而实意衰，故所学忘其本耳。比如孔子删《诗》，若以其辞，岂止三百篇？惟其一以明道为志，故所取止此。例六经皆然。若以爱惜文辞，便非孔子垂范后世之心矣。"听了王阳明的话，钱德洪说出了自己的看法："先生文字虽一时应酬不同，亦莫不本于性情，况学者传诵日久，恐后为好事者搀拾，反失今日裁定之意矣。"[1] 于是，王阳明同意再刊刻附录一卷，并寄给邹守益。以上谈话充分表明了王阳明述作的目的。可见，他并不希望自己的文章只是毫无意义地流传于后世。

在教育弟子时，王阳明或用谈论的形式，或用书信文章的形式。他不屑于玩弄字句，或凭借精心雕琢的语言去吸引和打动人们。他一直对后辈弟子关爱有加。由此可见，他竭力想用自己历经磨

---

[1] 见钱德洪与王畿所辑的《王阳明年谱》。——译者注

难与修炼的鲜活灵魂去直接打动人们的灵魂。也正因为此，数百年后，他的思想学说仍然留在人们心中，如此鲜活，如此生动。

（第）（三）（十）（八）（章）

两广巡抚—去世

　　王阳明归隐林泉已经六年有余。他在山水之间修身养性，德行一日高过一日，悟道也一日深过一日。每日聚在他身边的弟子多达数百人，个个都是胸怀大志、积极进取之士。即使外有官学的压迫、从未平息的奸人谗言，王阳明也都将其视为天边的浮云。可以说，在故乡越城的几年是王阳明一生中最惬意与得意的时期。不过，随着时局的发展，他不得不听从命运的安排再次出征沙场。

　　明世宗嘉靖六年（1527年），王阳明五十六岁。五月，朝廷命王阳明兼任都察院左都御史，出征广西思州、田州两地。此前，岑猛[①]在田州发动了叛乱。提督都御史姚镆出征，将岑猛父子生擒，已经获得了朝廷的奖赏。但不久，岑猛的余党头目卢苏和王受再次煽动当地民众发动叛乱，使思州陷落。姚镆集合了四省（即两广、湖广、江西）的兵力，攻打思州已久，却一直没有成功，后遭到了巡抚御史石金的弹劾。朝廷听取了内阁首辅张璁、桂萼的举荐，命王阳明担任四省的军务总督，前去平复乱党，同时重新评定各位官员的功过。当时，朝臣对王阳明的谗言还未平息，王阳明担心如果出征反倒更生祸端，并且自己常年患病，恐怕在战场上难以取胜。于是，他便以疾病为由，想要推辞，但未得到朝廷的批准。

　　在这里，笔者想首先叙述一下王阳明归乡后的病史。自壮年时起，王阳明就患了肺病，后身陷囹圄，又惨遭贬谪，还曾奔赴沙场。种种困境让他身患多种疾病。尤其当他身处南赣炎毒之地

---

① 岑猛，字济夫，明广西田州土官。——译者注

时，肺部和肠胃受到极大的伤害。回归故里后，他在清凉之处调养身体，感觉稍有缓解。不过，在此之前，他已经患上了不治之症，加上年岁渐长，身体越来越衰弱了。尤其是暑热之时，他常常发烧，同时伴有严重的咳嗽和痢疾等症状。因此，在五十六岁这年接受皇命之时，他在奏疏中写道："臣病患久积，潮热痰嗽，日甚月深，每一发咳，必至顿绝，久始渐苏。"可见，王阳明的身体早已不堪戎马征战了。他认为如果带病出征，可能会误事，反倒罪加一等，所以想要推辞。现在，他只想隐居山林，一心读书讲学。但朝廷非但没有批准他的请求，反倒又下了一道圣旨，催促他赶紧上路。眼看皇命难辞，王阳明只能拖着病体，准备重战沙场了。

嘉靖六年八月，临近前往两广的一天，王阳明写了一篇题为《客座私祝》的文章，作为对弟子们的训诫之语。

客座私祝

但愿温恭直谅之友来此讲学论道，示以孝友谦和之行，德业相劝，过失相规，以教训我子弟，使毋陷于非僻。不愿狂躁惰慢之徒来此博弈饮酒，长傲饰非，导以骄奢淫荡之事，诱以贪财黩货之谋，冥顽无耻，扇惑鼓动，以益我子弟之不肖。呜呼！由前之说，是谓良士；由后之说，是谓凶人。我子弟苟远良士而近凶人，是谓逆子，戒之戒之！

嘉靖丁亥八月，将有两广之行，书此以戒我子弟，

并以告夫士友之辱临于斯者，请一览教之。

王阳明估计自己此次一行，即使没有战死沙场，也会因病而亡。他不曾期待能够平安回归故里，于是留下了家训，还给朋友与弟子们留下了遗嘱。这体现了他的遗志与心中的悲凉之情。他把一些需要处理的事情一一委托给了魏廷豹、钱德洪、王畿等弟子。

嘉靖六年九月，王阳明从越中出发。他与钱德洪、王畿之间的那段"四言教问答"就发生在出发之日的前一晚。他途经冲州、常山，然后从广信乘船出发。一路上，许多书生都想前来拜见王阳明，但都被他以战事繁忙为由，一一谢绝了。

王阳明一路到了南昌。在平定宁王朱宸濠之乱时，他对南昌的百姓倍施恩泽。因此，一到南昌，便有许多百姓与将士手持焚香前来欢迎。王阳明所到之处，人山人海，几乎无法通行。人们争相去抬王阳明的轿子，轮流把他抬到都指挥使司。此后，不断有人前来拜见王阳明。从早上一直到下午，人们才逐渐散去。这时，有司才得以按照礼仪举办相关仪式。第二天，拜谒文庙时，王阳明在明伦堂讲授《大学》之道。前来听学的书生济济一堂，甚至都无法听清王阳明的声音了。

有个叫唐尧臣的人，原本不相信王阳明的学说。听说王阳明要到南浦，他便从乡里出去迎接。当时，他就开始对王阳明的学说产生了兴趣。这次看到众人争相去拜见王阳明，他更是大吃一

惊，感慨道："三代后安得有此气象耶！"王阳明在明伦堂讲学时，唐尧臣前去敬茶，并趁机在一旁听课。这次，他终于对王阳明心服口服了。他的同门笑话他，说连他这个"逃犯"也投降了。唐尧臣说："须得如此大捕人，方能降我，尔辈安能？"

后来，王阳明路过吉安时，与书生朋友们好好聚了一次。螺川当地的三百多名书生把王阳明迎到螺川驿①。王阳明情真意切地站着给众人讲学。临别之际，他还强调说："工夫只是简易真切，愈真切，愈简易；愈简易，愈真切。"

嘉靖六年十一月，王阳明到了广东肇庆。他给钱德洪与王畿写信，再次交代了后事，说："家事赖廷豹纠正，而德洪、汝中又相与熏陶切劘②于其间，吾可以无内顾矣。"同时，王阳明鼓励家乡的弟子们讲学，说："诸贤皆一日千里之足，岂俟区区有所警策？聊亦以此视鞭影③耳。"他一方面挂念着故乡，另一方面毫不懈怠地研究如何完成朝廷交给自己的重任。一路上，他虚心地向有识之士请教。对如何战胜对手，他早已胸有成竹。

嘉靖六年十一月二十日，王阳明到达梧州。同年十二月，朝廷又命他兼任两广巡抚。虽然他一再推辞，却未被批准。嘉靖七年（1528年）二月，王阳明平定了思田之乱。他目光如炬，早已洞察思田动乱的源头在于朝廷派往当地的知事。当地的知事不

---

① 螺川驿在江西通往广东的正途的必经之处，是吉安府的交通要地。——译者注

② 切劘，指切磋。——译者注

③ 鞭影，借指鞭策自己的事物。——译者注

断搜刮民财，百姓们不堪忍受，所以才奋起反抗。于是，上任不久后，王阳明就向朝廷上奏，表明了自己的主张。他认为与其征讨，不如怀柔招安。在奏疏中，他阐明了招安的有利之处及招安的具体举措。经过商议后，朝廷认可了王阳明的主张，并委派他自行处置。王阳明下令撤下所有负责防守的士兵，然后叫来了发起叛乱的头目卢苏和王受，对他们晓以利害关系。卢苏、王受两人原本就清楚王阳明没有一定要除掉自己的意思，后看到所有防守的士兵都被撤下，更加坚定了投诚的决心。最后，卢苏、王受两人主动前来向王阳明请罪。王阳明说，自己身为人臣，就必须秉公执法。因此，他对卢苏、王受两人处杖刑一百，然后将其释放，允许两人投诚。此后的十几天内，陆续有一万七千人前来向王阳明请罪。这样一来，受王阳明招安的人数前后多达几万人。王阳明不折一兵一卒，未出一刀一枪，顺利地平定了叛乱。事实上，王阳明怀柔招安是出于仁者之心，他不忍心看到一将功成万骨枯的悲惨景象。

平定叛乱后，王阳明便开始着手处理当地政事。首先，他重新规划了当地的行政区划。他主张学校是风化之源，所以自嘉靖七年四月起，他便在思田兴办学校；五月，他实施了一系列安抚民心的措施；六月，他又在南宁兴办学校。为了纪念这两三年来从湖广调拨而来的、因防守思田而阵亡的诸将士，王阳明在六月十五日还组织了悼念活动。他为阵亡将士写了祭文，从中我们可以得知，对这些为了国家安宁而客死他乡的将士，王阳明感慨其

壮志，想要告慰他们的在天之灵。祭文的字里行间流露出他的哀伤之情与恻隐之心，让读者也禁不住黯然神伤。同年七月，王阳明率兵大破八寨①断藤峡。这里原本盘踞了数万名土匪，盘亘二百余里②。流寇频频出没，贻害当地多年。此时，王阳明可以自由调配自思田撤回的官兵，同时他手下还有刚刚归顺的卢苏、王受等人。于是，他命令卢、王二人戴罪立功，为国杀敌。官兵们也都不想错过这次时机，在一个月之内，就大破八寨断藤峡，斩杀土匪三千余人。

王阳明上了一道奏疏，一方面向朝廷报告了获胜的消息，另一方面就当地的治理问题提出了许多建议。他认为，虽然持续百余年的匪患已被清除，但为了该地的长治久安，还必须亲自调查各地的情况，审察要害形势，重新规划行政区域等。不过，此前举荐王阳明的桂萼其实不是真的信任他，只是迫于当时形势紧急，不得已才举荐了他。现在，桂萼开始诬陷王阳明，说他想要夺兵权，并严加指责他没有接到朝廷的命令，就擅自出兵攻打八寨断藤峡。不过事实是，攻打八寨断藤峡本来就属于王阳明的职权范围。礼部尚书霍韬对王阳明深信不疑，所以上奏为他辩解。霍韬在奏折中强调，王阳明的处理方式是契合时机的，这才洗刷了王阳明的

---

① 八寨，指的是位于忻城、上林、迁江三县交界的思吉、周安、剥丁、古卯、罗墨、古钵、古蓬、都者八个寨堡。——译者注

② 原文为"二百余里"，疑有误。对照钱德洪与王畿所辑的《王阳明年谱》，应为"两千余里"。——译者注

冤屈。不过，王阳明提出的建议却没有被朝廷采纳。

为了奖赏王阳明平定思田之乱的功劳，朝廷派人来到梧州。此时，王阳明已经因病卧床一个多月了。他拖着病体拜谢了皇恩，并向朝廷呈上奏疏。对朝廷的额外恩典，他感激涕零，所以在奏疏的最后写道："自度此生恐不复能奔走阙廷①，一睹天颜，以少罄②其蝼蚁葵藿③之诚，臣不胜刻心镂骨，感激恋慕之至！"读到这一段时，笔者不禁为他的忠心感动不已。很明显，他早就已经意识到自己的时日不多了。

王阳明在奔赴两广上任的途中，原本有医师随行。但医师在半路上患了疾病，便向他辞行了。此后，王阳明就无法按时服药养病。而越往南方走，热毒越甚。到了夏季，他的病情越发严重。出于自己的忠诚之心和坚定的意志力，他强撑着身体，想要完成朝廷委派的重任。即使卧病在床，他也依旧苦心考虑作战对策。平定八寨后，为了实地调查当地情况，他仍带病或攀山越岭，或出入于茅草、芦苇之间。他考虑周到，策略细致。单单看他呈给朝廷的长篇奏疏，就让人不得不佩服他超凡的智慧与充沛的精力。像王阳明这样患有肺病，却还能精神奕奕地坚持活动的人，实属罕见。在此期间，他的病情日趋严重。他的文集中收录了一篇写给弟子的书信，可以视为他的绝笔信。这封信是写给弟子何廷仁

①　阙廷，指朝廷，亦借指京城。——译者注
②　少罄，即稍尽之意。——译者注
③　葵藿，即葵花，常用来比喻下对上的忠心。——译者注

的，其中写道："区区病势日狼狈，自至广城，又增水泻，日夜数行不得止，今遂两足不能坐立。"另外，他还在信中表达了期待回乡养病的想法，"纵未能遂归田之愿，亦必得一还阳明洞，与诸友一面而别"。可见，病中的王阳明一直思念家乡。他还给钱德洪、王畿两人写信，拜托他们教育好弟子，还让他们鼓励弟子们继续向学。他对两人全力讲学的精神感到无比欣慰。在信中，他还写道，大概十几日后，他就能踏上归途了。可惜造化弄人，他再也无法见到家乡的弟子们了。

由于病情日益加重，王阳明于嘉靖七年十月十日上疏朝廷，请求回乡养病。在奏疏中，他叙述了自己的病情，说自己肿毒缠身，每晚咳喘不息，毫无食欲，每天只能勉强吞几勺稀粥，如果分量稍多，又会导致反胃。他还在奏疏中写道："新任太监、总兵亦皆相继莅任，各能守法奉公，无地方骚扰之患。两省巡按等官，又皆安靖行事，创涤往时烦苛搜刻之弊，方务安民。今日之两广，比之异时，庶可谓无事矣。臣虽病发而归，亦可以无去后之忧者。"如上所述，他认为即使自己辞去官职，离开任地，也不会影响当地的管理。同时，他在奏疏中表达了自己忠君爱国的思想："夫竭忠以报国，臣之素志也；受陛下之深恩，思得粉身碎骨以自效，又臣近岁之所日夜切心者也。病日就危，尚求苟全以图后报，而为养病之举，此臣之所大不得已也。惟陛下鉴臣一念报主之诚，固非苟为避难以自偷安，能悯其濒危垂绝不得已之至情，容臣得暂回原籍就医调治，幸存余息，鞠躬尽瘁，以报陛下，尚有日也。

臣不胜恳切哀求之至！"读到这段文字时，笔者不禁为他的忠君爱国之心潸然泪下。

呈上这道奏疏后，王阳明一边等待朝廷的回复，一边从梧州取道广州，踏上了归乡之途。在梧州，王阳明拜谒了祭祀马援的伏波庙。伏波庙与他十五岁那年梦见的一模一样。不知是偶然，还是冥冥之中的安排。他感慨万千，写下了两首诗[①]。

王阳明的六世祖王纲曾在广东担任参议一职，后死于苗民发动的叛乱。因此，广东增城修建了一座祭祀王纲的庙。当月，有司翻新了此庙。王阳明路过增城时，入庙叩拜。他写了一篇祭文，哀悼了六世祖王纲及其孝子王彦达。后来，王阳明还顺路探访了知己湛若水的老宅。他在湛家老宅的墙壁上题写了一首《书泉翁壁》[②]，并且留下了一首《题甘泉居》[③]。这两首诗可视为王阳明的绝笔诗。二十四年前，他在京师初识湛若水，两人一见如故，结为莫逆之交，一直不断切磋学问。此时，王阳明路过湛若水的老宅，心中便有了与知己诀别之意，同时期待对方勿忘初心。

---

① 《谒伏波庙二首（其一）》："四十年前梦里诗，此行天定岂人为。徂征敢倚风云阵，所过须同时雨师。尚喜远人知向望，却惭无术救疮痍。从来胜算归廊庙，耻说兵戈定四夷。"——原注

② 《书泉翁壁》："我祖死国事，肇禋在增城。荒祠幸新复，适来奉初蒸。亦有兄弟好，念言思一寻。苍苍兼葭色，宛隔环瀛深。入门散图史，想见抱膝吟。贤郎敬父执，僮仆意相亲。病躯不遑宿，留诗慰殷勤。落落千百载，人生几知音？道通著形迹，期无负初心。"——原注

③ 《题甘泉居》："我闻甘泉居，近连菊坡麓。十年劳梦思，今来快心目。徘徊欲移家，山南尚堪屋。渴饮甘泉泉，饥餐菊坡菊。行看罗浮云，此心聊复足。"——原注

嘉靖七年十一月二十五日，王阳明拖着病体，翻过了梅岭。到达南安后，他准备乘舟前行。他的一个弟子，时任南京推官^①的周积^②前来拜见。王阳明一见周积来了，便竭力坐起来，但一直咳嗽。王阳明费力地慢慢问周积："近来进学问如何？"可叹病情危重的他仍然挂念弟子的学问。周积向老师王阳明讲述了处理政事时贯彻心学的情况，然后问他："您的身体如何？"王阳明说："病势危亟，所未死者，元气耳。"等周积离开后，王阳明请医生为自己开了药。

十一月二十八日晚，停船夜宿之时，王阳明问随从到了什么地方。随从回答，到了青龙铺。

第二天，周积应老师王阳明的召见，在一旁服侍。良久，王阳明才睁开眼睛，说道："吾去矣！"周积哭着说："何遗言？"王阳明微笑着说："此心光明，亦复何言！"过了一会儿，他就瞑目去世了。此时正是嘉靖七年十一月二十九日的辰时。

"此心光明，亦复何言！"千古哲人就这样离世了。弥留之际，他心中没有丝毫遗憾。他亲身践行了自己的生死观。即使在人生的最后一刻，他也将知行合一的真义发挥得淋漓尽致。

王阳明在世五十七年，大半生为疾病所苦，又时常遭遇艰难困苦之事，但一直充满活力。他始终积极进取，坚持磨炼自己，

---

① 推官，明朝官名，掌理刑名，处理民刑讼事。——译者注

② 周积（1483—1565），字以善，号二峰。——译者注

最终达到了圣贤之境。对后世而言，他的一生就是鲜活的教义，他的一生也是对阳明心学的清晰阐释。

　　早在王阳明出发上任之前，担任布政使一职的弟子王大用[①]就为他准备了上好的寿木，随船一同前往他的任地。王阳明去世后，担任赣地军备官的另一个弟子张思聪将王阳明的灵柩迎至南野驿，并在中堂依礼为其沐浴入殓。张思聪还亲自监督工匠将王大用准备的寿木制成棺材。其他弟子闻讯后，都纷纷赶来，为老师的后事奔走。入棺之礼于嘉靖七年十二月三日举行。十二月四日，棺椁被抬到船上，准备出发。远近的百姓得知后，都纷纷聚集而来，为王阳明哀悼，仿佛自己的父母过世一般。百姓们的哭声响彻云霄。船所到之处，王阳明的弟子及当地的官员都前来哭拜。南赣、南昌等地还自发举行了隆重的迎丧活动。嘉靖八年（1529年）正月，棺椁从南昌出发，六天后，到达弋阳。原本准备前往京师参加殿试的钱德洪、王畿等弟子，一收到老师的讣告，大吃一惊，马上乘船返回服丧。嘉靖八年二月初三，弟子们为王阳明扶棺，来到其故乡越中。生前，王阳明多么希望能返回家乡养病，与弟子们一起讲学修道，可如今一切成空。故乡山色悲怆，水声呜咽，天地一片惨淡，似乎都在为这位哲人的逝去悲伤不已。嘉靖八年二月初四，灵柩被安置在中堂，并设灵堂，早晚行祭祀之礼。每日从各地赶来吊唁的弟子多达百余人。有的弟子从初丧一直坚

---

①　王大用（1479—1553），字时行，别号樊谷。——译者注

持到下葬，迟迟不肯离去。书院和各寺院聚集的人数之多，几乎与王阳明在世时一样。嘉靖八年十一月，阳明先生的灵柩在洪溪下葬。前来送葬的弟子多达千余人。人人披麻戴孝，扶棺痛哭不已。从各地前来吊唁的人也都涕泗滂沱。洪溪是王阳明生前自己挑选的地方，距离越城三里，过兰亭大概半里。王阳明的坟墓由其弟子李珙等人日夜轮流负责监督修建，只花了一个多月就竣工了。王阳明生前的知己湛若水为他撰写了墓志铭。

王阳明过世后，他的知己和弟子都大力称赞他的道德与品行。但朝廷没有给予这位忠臣以妥当的对待。大臣桂萼对王阳明怀恨已久，指责王阳明擅离职守，鼓吹邪说，还弹劾了他。朝廷下诏剥夺了王阳明的爵位，不准世袭，也没有赠谥等任何恩典，同时将阳明心学视为伪学，严禁传播。王阳明的弟子黄绾当即表示抗议，但无济于事。王阳明的爱子王正亿年仅三岁，因家境贫困，后来只能被托付给黄绾抚养，可谓悲惨之极。然而，至诚的德业绝不会在奸人的淫威之下屈服。虽然心学被禁，但王门弟子仍然冒着危险，四处召集门徒，祭拜王阳明，同时大力传播其思想学说。即使朝廷横加干涉，也无法禁止。王阳明死后的第十二年，其弟子、时任浙江巡抚的周汝贞在阳明书院前修建了一座祠堂，并挂上了一块匾额，上书"阳明先生祠"五个字。此后，各地也纷纷修建了许多祠堂来纪念王阳明。各处的书院都摆放了王阳明的牌位。人们早晚敬拜，如同敬拜孔子一样。

嘉靖四十五年（1566 年），明世宗朱厚熜驾崩，明穆宗朱载

厘即位。隆庆元年（1567年），明穆宗下诏，尊王阳明为新建侯，并赐谥号文成。隆庆二年（1568年），王阳明的儿子王正亿承袭了爵位。万历十二年（1584年），明神宗朱翊钧下诏，批准王阳明从祀孔庙。这些世俗的荣华富贵远远无法衡量王阳明的德业与学说的巨大价值，不过也算是国家给他的回报。